교육 통념 깨기

교육 통념 깨기

초판 1쇄 발행 | 2010년 9월 15일
초판 3쇄 발행 | 2012년 3월 20일

엮은이 | 민들레 편집실
펴낸이 | 현병호
편　집 | 김경옥, 김진한
펴낸곳 | 도서출판 민들레
주　소 | 서울시 마포구 성산동 209-4
전　화 | 02) 322-1603
전　송 | 02) 6008-4399
전자우편 | mindle98@empal.com
홈페이지 | www.mindle.org

ISBN | 978-89-88613-41-2 03370

이 도서의 국립중앙도서관 출판시도서목록(CIP)은
e-CIP 홈페이지(www.ni.go.kr/cip.php)에서 이용하실 수 있습니다.
(CIP 제어번호: CIP2010003293)

값은 뒤표지에 있습니다.

교육 통념 깨기

민들레 편집실 엮음

민들레

통념, 우리 머리 위에 드리운 유리천장

양극화 시대에 접어들면서 다시 개천에서 용 나는 사회를 만들자는 구호가 등장하고 있습니다. 하지만 설령 개천 출신 용들이 다시 등장한다 하더라도 용이 승천해 버린 개천에서 살아가야 할 수많은 미꾸라지들을 배려하지 않는 사회는 좋은 사회가 아니지요. 용꿈을 부추기는 사회에서 개천에 남아 개천을 가꾸는 사람은 '루저'가 되는 걸까요? 박사 과정을 접고 행복한 요리사가 된 어느 유학생, 날라리를 꿈꾸는 범생이의 고백은 자기답게 사는 삶의 가치를 다시 생각해 보게 합니다.

많은 아이들의 가능성을 가로막는 유리천장 역할을 하는 것은 단지 지능지수(IQ)에 대한 오해만이 아닐 것입니다. 이른바 '공부를 잘한다'는 것, '엘리트 교육'이란 것의 허황된 실체를 들여다보면 우리 사회에 퍼져 있는 갖은 통념들이 교육 환경을 얼마나 왜곡시키고 있는지 깨닫게 됩니다. 교육과 학습은 다른 것이지요. 학습과 기억이 서로 다른 메커니즘을 갖고 있듯이. 우리 삶에서 정말 중요한 것들은 따로 교육받거나 외우거나 하지 않고도 누구나 익힙니다. 모국어를 외워서 익히는 사람은 없듯이. 사용 매뉴얼을 외우라고 요구하는 가전업체도 없지요. 그런데 왜 우리는 아이들에게 온갖 것들을 외우라고 요구할까요?

이른바 '배움의 시대'가 도래하고 있습니다. 평생직장 개념이 사라지면서 평생학습 시대로 접어들고 있지요. 아직도 근대적 교육 이데올로기에 갇혀 있는 우리 학교 현실은 참 갑갑한 상황이지만, 사회적 맥락 속에서는 '배움의 시대'가 마냥 좋기만 한 것도 아닌 듯합니다. 한평생 자기계발을 위해 노심초사해야 하는 것이 신자유주의 시대의 우울한 풍경일지도 모릅니다.

교육과 학습, 배움과 가르침에 대한 생각 뒤집기는 교육에 대해 여러 각도로 생각을 해보게 합니다. 이미 사망선고를 받아 놓다시피 한 학교이지만, 삶터에 뿌리내린 학교는 또 얼마나 소중한 존재가 될 수 있는지도 다시 한번 생각해 보았으면 합니다. '통념'이란 것이 꼭 깨어져야만 하는 것은 아니겠지요. 세상을 안정시키는 데 일조하는 것 또한 통념입니다. '통념은 깨져야 한다'는 통념까지도 다시 뒤집어 보는 계기가 되었으면 합니다.

이 책에 담긴 글들은 격월간지 『스스로 서서 서로를 살리는 교육을 여는 민들레』에 실렸던 글들입니다. 교육을 둘러싸고 있는 굳은 생각들을 깨는 데 일조했던 좋은 글들을 뽑아서 엮었습니다. 잡지를 만들면서 무릎을 치며 읽었던 글들입니다. 지난 12년 동안 나온 70여 권에서 엄선한 글인 만큼, 민들레의 독자라 해도 창간호부터 꼼꼼히 읽은 분이 아니라면 처음 만나는 글들이 꽤 있을 것입니다. '민들레 선집' 성격의 책들을 비롯해, 앞으로 꾸준히 발간될 '서로를 살리는 교육 총서' 시리즈가 아무쪼록 이 땅의 교육을 변화시키는 촉매 역할을 할 수 있기를 바라마지 않습니다.

2010년 9월
펴낸이 현병호

차례

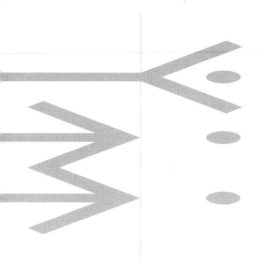

공부 잘하는 사람들의 일곱 가지 습관

공부 잘하는 사람의 공부 습관이 뭘까? 여기서 '공부를 잘한다'고 할 때 그 공부가 무슨 공부를 말하는지부터 먼저 분명히 해둘 필요가 있다. 학교시험이나 대학 입학시험, 입사시험 공부같이 정해진 기간에 정해진 책으로 문제 풀이에 대비한 외우기를 중심으로 머리 쓰는 노역을 우리는 흔히 '공부'라고 한다. 이 글에서도 그런 공부를 잘하는 사람들이 공통으로 갖고 있는 노역 습관에 대해 알아 보자.

공부 노예들의 표준화된 습관

시험이라는 거대한 갤리선에서 노를 젓고 있는 수많은 노예들 가운데 노 잘 젓는 노예들은 어떤 공통점이 있을

이한 _ 『학교를 넘어서』, 『탈학교의 상상력』 같은 책을 썼다. 서울대 법대를 나와 〈지식과노동 법률사무소〉를 꾸리고 있다. 이 글은 대학 시절 자신과 주위 친구들의 경험을 토대로 쓴 것이다. 이런 공부의 폐해를 누구보다 뼈저리게 느끼고, 이런 공부를 강요하는 사회구조의 변화를 위해 애쓰고 있다.

까? 사실 공통점을 뽑아내기란 쉬운 일이 아니다. 해마다 대학 입학시험을 준비하는 노역을 훌륭히 해낸 사람들의 수기를 보면 너무도 다양한 공부 습관들을 발견할 수 있다. 주위 사람들 이야기를 들어 보거나 내 경험을 돌이켜 봐도 마찬가지다. 어떤 사람은 잠을 적게 잤다고 하고, 어떤 사람은 또 많이 잤다고 한다. 어떤 사람은 연애는 절대 안 했다고 하고, 어떤 사람은 이성친구 덕분에 힘을 얻었다고도 한다.

수많은 예외들에 귀를 기울이다 보면, 어떤 일반화된 결론은 하나도 얻어 내지 못할 것이다. 그러니 공부 잘하는 사람들의 습관들 가운데서 대체로 눈에 많이 띄는 것들을 우선 뽑아 보자. 그렇게 뽑아낸 '표준화된 습관'은 다음과 같다.(이 습관들을 다 갖춘 사람이 실제로 있을지는 모르겠다.)

첫째, 주어진 노역을 얼마나 잘 해 내느냐에 따라, 장래의 사회 계층이 결정된다는 사실을 명확하게 또는 더욱 과장되게 인식하고 틈틈이 이를 상기하여 자신을 채찍질한다. 공부 잘하는 사람들은 결코 막연하고 애매한 소망을 갖고 공부하지 않는다. 목표하는 대학, 학점, 성적, 직장, 소득, 권력이 뚜렷이 있다. 단순히 '저 탤런트처럼 잘 생겼으면' 같은 소망이 아니라, '나는 돈 천만 원을 언제까지 마련해 강남의 어느 병원에 가서 장동건 같은 얼굴로 바꾸겠다.' 같은 결의에 차 있는 것이다. 이 결의는 종종 과장된 인식을 기반으로 한다. 이를테면 실제 사회에서는 별로 두드러지지 않는 대학 간 서열을 고등학생들은 훨씬 더 심각하게 받아들인다. 이것이 현실과 어긋난 인식이라는 사실에 대해서는 생각을 하면 안 된다.

둘째, 공부를 삶의 가장 우선순위에 놓는다. 공부를 잘하는 사람들은, 봉사활동이나 친구를 만나는 일은 시험공부와 숙제를 다 하고 난 뒤에 시간이 남으면 하는 일로 생각한다. 따라서 그들의 삶은 언제나 자신들을 평가하는 통제자의 손아귀에 놓여 있다. 만약 통제자가 숙제를 많이 내주면 삶이 매우 각박해진다. 숙제가 적으면 좀 느긋해진다. 물론, 공부 못하는 사람들도 공부를 삶의 우선순위에 놓긴 하지만 생각 속에서만 그럴 뿐이다. 실제 생활에서는 친구랑 잡담하기, 당구, 컴퓨터 게임, 만화, 잠자기가 그들 생활의 중심이다. 공부 잘하는 사람들은 연예인을 좋아하거나 취미 활동을 하더라도, 지적 노역의 스트레스를 풀기 위한 수단으로 할 뿐, 그 자체를 목적으로 하지 않는다. 그러니 연예인에게 편지를 보내거나 동아리 활동에 많은 시간을 투자하는 일 따위는 상상할 수 없다. 만약 만화 그리기를 즐기고 소질이 있다 하더라도 나중으로 미룬다. '만화는 시험에 합격한 뒤에 얼마든지 그릴 수 있어.' 주어진 노역을 방해하는 나머지 가능성은 모두 억제해야만 한다.

셋째, 이성친구를 사귀지 않거나 사귄다고 해도 공부에 방해되지 않는 방식으로 사귄다. 공부를 잘하는 사람들이라고 해서 이성을 밝히지 않는 것은 아니지만 사귈 통로가 거의 없기 때문에 연애를 못하고 지낸다. 또는 연애할 기회가 생기더라도 장래의 지위를 결정하는 게임에 대한 압박 때문에 그 기회를 제대로 활용할 줄 모른다. 그래서 대부분 연애를 하지 않는다. 우연히 연애를 하게 되더라도 영화관을 가거나 공원에 놀러 다니면서 시간 보내는 일 따위는 하지 않는다. 도서관에서 같이 공부를 하거나 늦은 밤 잠자기 전에 피로를 풀면서 잠시 전화하는 것으로 대신한다. 그리고 상대방을 좋아하는 마음을 동력으로 삼아 더욱 열심히 공부한다. '저 사람을 위해서 나는 더 열심히 공부해야 해. 오로지 공부, 공부뿐이다.' '저 사람이랑 대학을 같이 다니려면 지금 열심히 공부해야지.' '그녀에게 어울리는 사람이 되려면 능력이 있어야 해. 공부하자!' '아, 오늘도 그를 봤다. 황홀하다.

공부가 잘된다.' 사랑은 노역을 위한 충전기요, 발전기다.

넷째, 단조로운 생활을 한다. 이런저런 일이 갑자기 생기고 신경 쓸 일이 많은 생활은 공부에 방해가 된다. 무슨 시험이든 시험 준비를 제대로 하려면 도서관에 드나드는 것이 의례가 되어야 한다. 하루하루 삶이 똑같다. 아침에 눈뜨면 학교에 가서 수업 듣고, 밥 먹고, 도서관 가서 책을 보다 집으로 온다. 공부하다 밥 먹고 공부하다 밥 먹고…. 집은 잠시 들리는 곳일 뿐이다.

다섯째, 자신의 지적 활동을 주어진 노역에 맞춘다. 이를테면 작문 능력은 수능시험의 언어능력 평가 문제에 맞추어 기른다. 수학적인 사고력도 문제 풀이 중심으로 기른다. 고시를 준비하는 사람은 법학 공부도 외우기 중심으로 한정한다. 쓸데없이 생기는 의문은 싹부터 자른다. 단순 암기보다는 이해를 바탕으로 한 암기를 중시하지만, 여기서 말하는 '이해'란 문제를 푸는 데 꼭 필요한 만큼의 이해를 뜻할 뿐이다. 괜히 호기심이 생긴다고 더 깊이 파고드는 일은 금물이다. 왜냐하면 그럴 시간도 없을 뿐더러, 호기심이 발동한다고 더 파고들다 보면 주어진 문제를 풀기 위해 조여진 사고방식이 흐트러질 수도 있기 때문이다.

여섯째, 노역을 아주 능동적으로 한다. 중학교 때에 미리 고등학교 공부까지 해놓는 것은 기본이다. 수업 전에 예습하는 일 같은 것은 교사들이 공부 못하는 학생들에게나 가르쳐 주는 학습법이다. 적어도 2년은 빨라야 한다. 그러면 여유 있게, 주체적으로 공부할 수 있다. 수업은 자신에게 필요하다면 듣고, 아니면 다른 문제집을 꺼내 놓고라도 자기 공부를 한다. 학교가 마련해 준 수업과 시험 진도에 끌려다니면서 공부해서는 결코 성공할 수 없다. 공부 잘하는 사람은, 부모가 가라고 한다고 학원에 가서 그냥 멍하니 강의를 듣고 앉아 있는 일 따위는 결코 하지 않는다. 필요하다면 학원도 가고 과외도 하지만 도움이 되는지 안 되는지 칼날같이 파악해서 행동한다.

일곱째, 시험 전의 압박을 견딜 줄 안다. 시험 전, 칠판을 손톱으로 긁는 소리를 들을 때 같은 그 괴상한 느낌을 도저히 참지 못하고 고통을 잊기 위해 노래방이나 영화관을 가는 이들이 있다. 공부 못하는 이들의 표본이다. 물론 공부 잘하는 사람들도 가끔 그럴 때가 있지만 아주 드물다. 공부 잘하는 사람들은 시험 전날까지 찬찬히 시간의 고문을 견디면서 시험 공부라는 노역을 해 낸다.

갤리선을 쳐부숴라

물론, 공부 잘하는 사람들의 습관은 이것 말고도 무척 많다. 그렇지만 그 습관들은 위의 습관들에서 파생되는 것이 대부분이다. 이를테면 하루에 여섯 시간을 잔다든지, 필요한 책을 사서 끝까지 본다든지, 까다로운 조건을 달지 않고 공부를 한다든지 하는 습관들이 있다. 시험 치기 전에 친구들에게 시험공부 하나도 못했다고 뻥을 치고, 시험을 잘 치고도 못 쳤다고 뻥을 치는 사람들도 대부분 공부를 잘하는 사람들이다. 어른들 틈에서 공부 이야기가 나오면 딴청을 피우다가 '공부 잘하는 학생' 이야기가 나오면 조용히 씨익 웃는 것도 공부를 잘하는 사람들의 행동양태다. 그렇지만 미인은 잠꾸러기라고 해서 잠꾸러기가 미인이 아니듯이, 이런 습관이 있다고 해서 공부를 잘하게 되는 것은 아니다.

공부를 잘하는 사람들이 왜 저런 습관을 갖게 되었는지에 대해서는 의견이 분분하다. 부르디외 같은 사회학자는 '아비투스'라는 개념을 발명해

냈다. 지적 노역에 적합한 가정환경에서 태어난 사람은, 위에서 이야기한 습관들을 자기 속에 축적해서 열심히 공부할 수 있다는 것이다. 그렇지만 그렇게 결정론적인 것은 아니다. 공부를 못하는 사람들이 위의 습관들을 잘 익혀서 그대로 따를 수만 있다면(아마도 이때까지 하지 않다가 새삼스레 하려면 마늘을 까먹고 여자로 변한 곰이 당한 만큼의 고통이 있을지도 모르지만) 아마 효과가 꽤 있으리라 생각한다. 그렇지만 나는 몇 사람들이 이 글을 읽고 지적 노역에 알맞은 습관을 길러서 게임에서 이기는 것이 무슨 의미가 있을까 싶다. 그런다고 해서 세상은 달라지지 않으니까 말이다.

중요한 것은 외우기를 중심으로 하는 노역을 강제하는 구조 자체를 폐기하는 것이다. 그것은 마치 노예 해방과도 같다. 갤리선을 쳐부숴라! 이것이 이루어진다면, 그땐 사람들이 알고 싶어 하는 '공부 잘하는 습관'은 이런 것이 아닐 것이다. 실제로 사회와 삶에 도움이 되거나 학문적인 호기심을 충족시켜 주는 공부를 잘하는 방법이 관심의 대상이 될 것이다. 어떻게 하면 독창적인 과학 이론을 낼 수 있는지, 어떻게 하면 사회를 폭넓게 깊이 바라보는 안목을 기를 수 있는지, 어떻게 하면 환경오염을 줄이는 생태 기술을 개발하는 능력을 기를 수 있는지 같은 실제 삶을 위한 공부들 말이다.

아직 주위에 이런 공부를 잘하는 사람들을 직접 만나 보고 이야기를 나눈 적이 없어서, 여기에 대한 탐구는 좀더 해 봐야겠다. 그렇지만 새로운 공부에 관해서 말하자면 아마도 지금까지 이야기한 '공부 잘하는 습관'들은(여섯째, 능동성만 빼고는) '공부 못하는 사람들의 일곱 가지 습관'이 되지 않을까?

머리가 나쁘다는 판단의 함정

아마 다들 학교에서 '지능지수(IQ) 검사'라는 걸 받아 본 적이 있을 것이다. 시험처럼 따로 준비를 해야 되는 건 아니지만 머리를 써서 여러 가지 귀찮은 문제를 풀어야 하는 검사 말이다. 나도 학교 다닐 때 지능검사를 받아 봤는데, 그게 뭘 재는 건지도 잘 모르면서 상당히 오랫동안 지능지수라는 세 자리 숫자가 내 능력의 지표라고 생각했다. 지능검사 결과가 나오고 나서 한동안 친구들 사이에서 선생님이 불러 준 숫자가 화제가 되었다. 숫자가 높게 나온 한 친구는 어깨를 으쓱하며 말했다.

"난 140이래. 내가 머리는 좋은데 공부를 안 해서 성적이 안 나오는 거라고 선생님이 그랬어."

반면 의기소침해진 친구도 있었다.

조영은 _ 대학에서 임상 및 상담심리학 공부를 하고 있다. 고등학생 때 탈학교모임에서 활동하면서 민들레 잡지에 글을 꾸준히 썼다. 이 글은 아이들뿐만 아니라 '학교교육'의 세례를 받아 삶이 힘들어진 모든 이들에게도 도움이 되었으면 하는 마음으로 썼다고.

"난 109래. 아니, 어떻게 그렇게 머리가 나쁘지?"

나는 그 세 자리 점수를 머릿속 서랍에 잘 모셔 두었다. 이게 내 '지능'이고 '내가 머리가 얼마나 좋은가'를 나타내 주는 숫자라고 하니깐 엄청 중요한 것처럼 느껴졌다. 집에 와서 은근히 경쟁하는 사이였던 오빠에게 지능지수를 물어보니까 나보다 3점이나 높았다. 이런! 이래서 오빠가 나보다 공부를 잘하는 건가? 내가 오빠보다 머리가 나쁘니까 오빠를 이기기가 힘들었던 거구나. 마치 엄청난 깨달음이 한꺼번에 오는 듯했다.

심리학을 공부하면서 돌이켜보면 너무 바보 같은 생각들이고, 지능검사로 아이들을 판단하는 교육방식 자체에 문제도 많고 오류도 많은데, 그땐 어른들이 불러 주는 숫자가 곧 내 능력이라고 생각했다. 나는 이제 그 함정에서 벗어났지만, 아직도 '나는 머리가 왜 이렇게 나쁠까' 고민하는 아이들이나, 자녀의 머리가 나쁜 게 아닐까 고민하는 부모들이 있을 수 있으니 지능에 대한 오해를 풀어 보자.

지능에 대한 오해

지능이란 뭘까? 머리가 좋다 나쁘다 할 때 그 '머리'는 뭘까? 잘 기억하는 것? 뭐든 빨리 배우는 것? 책을 빨리 읽고 이해하는 것일까? 우리는 흔히 지능에 대해 다 아는 것처럼 생각하고 이야기하지만 사실 지능이 뭔지 물어보면 정확하게 대답하기가 어렵다. 심리학의 대가들도 마찬가지였는지 그들 역시 지능이 무엇인지에 대해선 합의하지 못하고 있다. 심지어는 '지능이란 지능검사가 측정하는 것일 뿐이다'라고 말한 학자도 있다.

지능이 뭔지 정확하게 말하기도 어려운데 그럼 지능검사로 무얼 잰다는 걸까? 지능검사 문제를 보면 수학 문제도 나오고 한자나 국어 문제도 나온다. 시험이 아니니까 공부 안 하고 봐도 된다고 하지만 사실은 시험문제랑 비슷하게 생긴 게 많다. 그래서 대체로 지능지수가 높게 나온 아이들이 학교 공부도 잘하게 되어 있다. 물론 학교에서 배운 것 말고 다른 걸 묻기도 하지만 성적과 지능은 크게 상관이 있다고 알려져 있다. 애초에 지능검사를 만든 목적 자체가 학교 공부를 잘할 아이와 아닌 아이를 구별하기 위한 것이었으니 어떻게 보면 당연하다. 혹시 학교 공부가 지겨워서 진작 다른 데 눈 돌린 사람이라면 지능지수가 생각보다 낮게 나올 수도 있으니까 그 숫자가 자신의 한계려니 실망하지 않도록 유의할 일이다. 그 숫자가 결코 자기 능력의 전부가 아니라는 것을. 만약 누군가가 지능지수로 으스대거나 남들과 비교하려고 한다면 그저 웃으면서 이렇게 말해 주면 되겠다. "지능지수는 그냥 지능검사가 재는 것일 뿐이라고! 인간의 능력은 무한한데 그중에 하나만 가지고 어떻게 비교를 하니!"

지능지수가 낮아서 슬픈 이여

　　　　　　　　　지능지수가 낮으면 어딘가 좀 띨띨한 걸까? 잠재력 역시 별볼일 없는 걸까? 지능지수가 낮아서 속상한 사람이 있다면 '저능아였던 내 인생'을 고백한 예일대 심리학과 교수 스턴버그Robert Sternberg 이야기를 꼭 들려주고 싶다. 이분은 초등학교 시절 지능검사에서 어찌해야 할지를 몰라 끙끙대다 '저능아' 판정을 받았고, 어린 시절에 받은 그 딱지 때문에 스스로 머리가 나쁘다고 믿음으로써 생겨난 보이지 않는 유리천장이 두고두고 자신의 가능성을 가두었다고 한다.

"나는 초등학교 시절 지능검사라는 게임에서 졌다. 저능아 딱지는 늘 나를 따라다녔다. 잘해 보려고 노력했지만 아무도 머리 나쁜 내게 기대하지 않았다. 선생님들이 그런 내게 실망했을까? 전혀 그렇지 않았다. 나는 선생님들의 낮은 기대치에 부응했고 그러자 그들은 행복해졌다. 나는 선생님들이 기대하는 대로, 내가 스스로에게 기대하는 대로 되어 가고 있었다. 구제할 수 없는 실패작으로서 말이다."

스턴버그는 자신의 경험과 학계에서의 오랜 연구를 통해 지능검사로 아이들을 판단하는 방식이 얼마나 위험한지 밝혀 왔다. 지능검사가 이득보다는 해를 더 많이 끼친다고 주장하면서. 그러면서 학교 공부를 잘하는 것 말고도, 새롭고 독창적인 것을 만들어 내는 능력, 생활 속에서 지혜롭게 문제를 해결해 가는 능력 역시 중요한 지능이라는 이론을 만들어냈다. (그 뒤 많은 학자들에 의해 감성 지능지수 EQ_Emotional Intelligence Quotient, 다중 지능지수 MQ_Multiple Intelligence Quotient, 사회성 지능지수 SQ_Social Intelligence Quotient 같은 다양한 지능 개념이 개발되었다.)

스턴버그를 억압했던 보이지 않는 유리천장에서 벗어날 수 있게 도와준 사람은 3학년 때 만난 선생님이었다.

"알렉사 선생님은 지능검사가 뭔지도, 어디에 쓰이는지도 모르는 사람이었다. 점수에 개의치 않았던 선생님은 눈앞에 있는 나, 그저 나 자신만을 보며 열정적으로 순수하게 나를 믿어 주셨던 분이었다. 내가 잘할 수 있을 거라는 믿음! 선생님으로 인해 내가 얼마나 성장할 수 있었던가. 나는 점점 잘할 수 있을 거라는 선생님의 기대대로 되어 갔다."

알렉사 선생님과 나이 차이가 그토록 많이 나지만 않았다면, 선생님이 결혼만 안 했더라면 자신이 청혼했을 거라 말할 정도로 스턴버그는 선생님에게 애정과 고마움을 표시하고 있다. 인간은 소중한 누군가가 이름 불러

주는 대로, 믿어 주는 대로 크는 존재이기 때문에 삶에서 좋은 멘토를 만난다는 것이 그토록 중요한가 보다.

지능지수 신화 깨기

지능검사에 대해서는 아직도 의견이 분분하지만 분명한 건, 지능지수가 인간의 능력 가운데 아주 미미한 부분을 말해 줄 뿐이며, 삶의 성공을 알려 주는 요인은 결코 아니라는 것이다. 그런데도 부득이하게 검사를 해야 한다면 먼저 다음과 같은 오해부터 풀어야 한다.

지능은 하나의 숫자로 표현될 수 있다?

"넌 아이큐가 몇이야?" 흔히들 주고받는 이런 질문 속에는 사람의 능력이 한 자리 숫자로 표현될 수 있다는 믿음이 깔려 있다. 인간의 능력은 무한할 만큼 다양할 뿐 아니라 우리가 아직 인식하지 못하는 미지의 영역까지 있는데도 말이다. 하나의 숫자로 아이들을 비교하는 것은 바나나와 사과의 키 차이를 비교하는 것과 같다. 그리고 거기에 '좋다' '나쁘다'는 판단까지 붙여 버리면 더욱 위험하다.

지능지수는 고정된 것이다?

"나는 머리가 나빠서 할 수 없어." 많은 사람들이 갖고 있는 오해 가운데 하나가 인간의 능력은 타고난 채 고정되어 변하지 않는다는 것이다. 심리학자들은 지능이 고정된 것이 아니라는 사실을 밝혀 왔고, 좋은 환경, 끊임없는 노력으로 머리도 좋아질 수 있음을 증명해 왔다. 오랜 기간 지능지수를 측정해 보면 어떤 환경에서 어떤 노력을 해

왔는가에 따라서 지능지수가 변해 간다는 것을 알 수 있다.

지능지수는 성공을 예측한다?

지능지수는 학교 성적과 상관이 있기는 하지만 성공을 예측하지는 못한다고 한다. 예전에 공부한 지식을 이용해 명확하게 정의된 문제를 정해진 시간 안에 풀어 답을 찾는 능력은 학교 공부를 잘하는 데 유용하긴 하지만 학교 공부를 잘하는 것과 사회에서 자기 능력을 잘 쓰면서 살아가는 것은 다르다. 사회에서 맞닥뜨리는 많은 문제들은 사실 시험문제처럼 명확하지도 않고 다소 복잡한 능력을 요구하기도 한다. 사회 속에선 사람들과 관계 맺기를 잘하는 것, 타인의 마음을 읽고 배려하는 것, 삶의 어려움을 다루는 지혜 역시 무척 중요한 능력이다. 지능지수는 그런 부분을 반영하고 있지 않기 때문에 천재나 영재라고 해서 꼭 인생에서 성공하는 건 아니다.

예를 들어 부부싸움을 할 때 남편이 문제를 아주 논리적이고 명확하게 분석해서 "이건 이러이러하고 저건 저러저러하니 기분 나빠할 문제가 아니다."하고 청산유수로 풀어 놓는다고 생각해 보라. 그 남편은 분석적 지능이 높을 수는 있지만, 상대의 감정을 읽고 지금 필요한 게 무언지는 알아채지 못할 뿐 아니라 분석을 해야 할 때와 말아야 할 때를 구분하는 실천적 지능이 부족한 셈이다.

내 안의 반란을 꿈꾸며

이제 지능지수에 대한 오해가 조금은 풀렸을지 모르겠다. 누군가 섣불리 불러 준 숫자의 망령에 시달리고 있었다면 이제 그만 망령을 쫓아 버리자. 우리 모두는 저마다 다 다르기 때문에 진짜 능력은 자신만의 색깔을 발견해 내고 끊임없이 노력하는 데 있다. 무지개의 빛깔들이 서로의 다름을 인정하지 않고 나만 최고라고 우기면 어떻게 될까. 세상에는 사람들 수만큼 다양한 빛깔의 삶이 있다. 무지개 색은 일곱 가지라는 고정관념에서 벗어나 보면, 지금까지 보고도 보지 못했던 다른 세상이 보일지도 모른다. 자, 혹시 머리 나쁜 놈이라 어른들이 구박해도 줏대를 갖고 제 잘난 맛에 살아가기! 어때, 할 수 있겠지? 분명 어른들이 만들어 놓은 유리상자 속에서 나가는 길을 찾을 수 있을 거야! 나만이 할 수 있는 것, 나만이 해낼 수 있는 멋진 일이 있다는 걸 보여 주자!

학교에 대한 발칙한 상상

지난 한 달 동안 월간 『신동아』의 요청으로 전국에 있는 대안학교를 둘러보았다. 더 정확히 표현하자면 대안교육 분야의 특성화학교로 지정되어 있는 고등학교 열한 곳을 돌았다. 이러한 취재 요청을 받자 주변에서 관심을 보이는 사람이 많았다. "우리 아들도 대안학교에 보낼까 하던 참인데 잘 살펴보고 소감을 이야기해 달라"거나, "내 시각으로 본 것과 당신 시각으로 본 것이 다를 수도 있으니 취재 후에 꼭 한 번 솔직하게 이야기해 달라"는 주문이었다.

그렇게 해서 한 달 이상 전국 방방곡곡을 돌아다녔다. 국가가 인정해 준 '당신은 자동차 운전을 할 만하다'는 그 증이 없는 관계로, 나는 모든 곳을 이른바 대중교통수단으로 이동해야 했다. 고속버스, 직행버스, 완행버스,

곽대중 _ 북한민주화네트워크 기관지 『Keys』 편집장 역임. 자유기고가. 이 글은 대안학교로 알려진 특성화고등학교 열한 곳을 탐방하고 나서 후기 삼아 쓴 글이다. 탐방기는 『신동아』 2001년 6월호에 실렸다.

털털거리는 군내버스, 안 타본 버스가 없고, 왕복 요금을 줘야 하는 택시도 타보고, 선생님들 자가용 신세도 많이 졌다. 이 자리를 빌려 한결같이 친절했던 선생님들께 감사드린다.

월요일부터 금요일까지 행군(?)을 하고 주말에 돌아오면 사람들이 또 묻는다. "어땠어?" 마치 신혼여행을 마치고 온 새신랑에게 야릇한 눈빛으로 던지는 질문처럼 말이다. 그럴 때마다 내 대답은 항상 "그저 그랬어요"였다. 사실을 이야기하자면, 대안학교와 관련된 기사와 자료, 각종 논문을 훑어보면서 나는 상당히 흥분되었다. 그곳에 가면 무언가 다른, 전혀 다른 교육이 환상적으로 펼쳐지고 있을 것 같은 상상에 꽤나 들떠 있었던 것이 사실이다. 아마도 초짜 기자들이나 기고가들은 대개 그러리라. 내 경우엔 이번 취재 이전에도 교육 관련 단체들에서 일하는 친구들을 통해 대안학교의 실정에 대해 어느 정도 들은 바가 있기 때문에 그리 큰 환상을 가졌던 것은 아니지만, 그래도 '대안'이라는 말은 '혁명'과도 비슷한 흥분과 기대감을 던져 주고 있었다.

여관과 학교의 공통점

먼저 우스갯소리 하나 하자. 한 달 동안 객지 생활을 해야 했던 나는 전국의 여관이란 여관은 다 구경해 보았다. 바퀴벌레가 기어 나올 것 같은 허름한 시골 여인숙에서부터 요상한 침대가 놓여 있는 모텔에도 들어가 보았다. 자막이 필요 없는 비디오가 밤새 흘러나오는 그런 곳 말이다. 지친 몸을 이끌고 무작정 온천 표시 네온사인이 반짝거리는 곳으로 들어갔는데 알고 보니 안마시술소여서 에구머니 하며 뛰쳐나왔고, 어느 여관은 옆방과의 방음 상태가 좋지 않아 외로이 이불을 뒤집어쓴 채 무척 흥분된(?) 상태로 하룻밤을 보내야 했다. 그리 많은 여관을 다녀 본 건 아니지만 '현장 밀착 취재 대안학교'라는 기사 못지않게 '현장 밀착 취재 숙박업소'라는 기사 역시 충분히 쓸 수 있었으리라.

그런데 좀 희한한 게 있다. 왜 우리나라 여관들은 입구에 혼자 들어서면 "한 분이세요?" 하고 묻는 걸까? 어떤 곳에서는 좀 음흉한 눈빛으로 묻는다. 그럼 혼자 들어가지, 꼭 둘 이상이 들어가야 하나? 어느 도시에서는 머리가 훌러덩 벗겨진 아저씨와 미니스커트 입은 이십대 초반쯤 되는 아가씨 뒤를 이어 ○○장에 들어섰다. 카운터에서 일하는 총각이 우리를 쳐다보며 진지하게 하는 말, "남자 두 분에 여자 한 분은 입실이 안 되는데요." 헉! 졸지에 나는 '변태'가 되고 말았다. 그날 밤 혼자 침대에 누워 생각을 했다. '그 두 사람은 대체 무슨 관계일까?' 그리고 그들과 나는 물론 상관이 없는 관계였지만 설령 상관이 있다 하더라도 남자 두 명에 여자 한 명은 왜 입실이 안 되는지도 괜히 궁금해졌다. 남자 둘에 여자 셋이면 어떻고, 남자 열 명에 여자 한 명이면 또 어때? 꼭 여관과 무슨 행위(?)를 연상시키니 남자 둘에 여자 하나는 안 된다는 규칙 아닌 규칙이 생겨났나 보다. 여관에서 남자 둘 여자 한 명이 모여 밤새 토론이나 공부를 할 수도 있는 거잖아?

쓸데없이 야릇한 이야기를 길게 한다고 생각하실지 모르지만 나는 이렇게 '여관'에 대한 선입견, 혹은 변화된 위상(?)에 대해 생각하면서 묘하게도 '학교'라는 낱말이 생각났다. 객지에 일보러 와서 머물 곳이 없는 사람, 혹은 여행객들이 하룻밤을 의탁하고 가는 곳이 여관 아닌가? 그런데 지나가는 사람 열 명을 잡고 이야기해 보라. 여관을 그렇게 생각하는 사람이 있는지. 그리 당당한 관계가 아닌 남녀, 혹은 이 밤이 오기 전엔 얼굴조차 본 적 없는 남녀가 은밀한 관계를 갖는 곳이 지금 우리나라의 '여관' 아닌가?

정말 순수한(?) 목적으로 여관을 찾는 사람은 오히려 '이상한' 사람으로 취급받는 황당무계한 현실이 되어 버렸다. 높은 건물 위에서 내려다보면 우리나라 도시의 야경夜景은 공동묘지이거나 온천 도시에 가깝다. 여기저기 꽂혀 있는 '✝'들이 한밤에 일제히 불을 밝히고 거기에 '♨'들이 군데군데 빠지지 않고 끼어 있는 전경. 이 두 상징의 부조화로움. 대한민국의 이중성은 이렇게 밤이 되면 더 적나라해진다.

학교란 무엇인가

나는 학교도 이렇게 되어 버린 지 오래라고 생각한다. 브리태니커 백과사전에서 '학교'라는 낱말을 찾아보니 이렇게 설명한다. 조금 길지만 인용해 보자.

【학교—제도적 교육이 이루어지는 장소, 또는 그 기관. (school은 '한가함'이라는 뜻의 라틴어 schola에서 유래.) school은 고대 유럽의 자유민들이 음악장이나 체육장에서 교양을 습득하고 즐기는 것을 뜻했다. 이 말을 처음으로 학교라는 뜻으로 사용한 사람은 디오니시오스 할리카르나소스(기원전 30년경)였다고 한다. 그후 종교·문학을 위주로 한 인문교육 중심의 교육기관이 설립되기 시작해, 근대 이후 급속하게 발달했다. 첫째, 상공업의 발달로 시민계급이 등장하면서 인문주의 교육을 중심으로 하는 중등교육이 발달했다. 둘째, 산업혁명으로 인해 전통적인 도제제도徒弟制度보다는 근대적인 직업교육을 중심으로 하는 실업학교가 발달했다. 셋째, 근대국가가 성립하면서 초등교육 중심의 국민교육제도가 새롭게 정비되었다. 또 시민혁명은 민주주의 의식의 성장을 이루었고 이에 따라 교육의 기회균등을 요구하게 되었다. 19세기 유럽에는 국가 주도의 국민보통교

육제도가 생겨났으며, 그밖에 중등교육과 초등교육이 단계적 성격으로 성장했다.】(브리태니커, 2000)

국어사전은 '학교'에 대해 이렇게 정의하고 있다.

【일정한 목적·교과 과정·설비·제도 및 법규에 의하여 교사가 계속적으로 학생에게 교육을 실시하는 기관】(표준국어대사전, 2000)

대단히 사전적인 두 정의이지만 지금의 학교에서 '한가함'을 떠올릴 학생과 교사가 얼마나 될까? 빽빽하게 들어찬 고밀도 입시교육의 틈바구니에서 한가함? 요즘 학생들이 쓰는 표현대로라면 '웃기지도 않는다'는 말이 나올 법하다. '박 터짐', '숨 막힘'… 이게 우리 교육의 정직한 모습이 아닌가. 학교에서 교양을 습득하고 즐긴다고 생각하는 사람은 또 얼마나 될까? 뭘 습득하고 뭘 즐기는데? 신생대 지층에는 무슨 화석이 나오고, 목성의 테두리에는 무슨 성분이 들어 있고, 청록파는 누구누구이고, 백제가 멸망한 해가 서기 660년이라고 평생 잊지 않고 기억하는 것이 과연 '교양'인가. 구구셈대로 계산하고, 순서대로 외우고, 교과서에 쓰인 대로 베껴 쓰는 것을 '습득'이고 '즐기는 것'이라고 생각할 사람은 또 몇이나 될까.

나아가 국어사전은 '일정한 교육 목적 아래'라고 했다. 우리나라에 정말 '교육 목적'을 갖고 있는 학교는 또한 얼마나 될까? 궁금해서 곧바로 몇 개 고등학교의 인터넷 사이트에 들어가 보았다. 교훈이나 설립 이념을 보니 정직, 성실, 창조, 정숙, 도전, 모두 이런 것뿐이다. 그리고 교화校花는 목련, 동백, 철쭉, 진달래 등이고 교가校歌는 '무슨 산봉우리에 정기가 어리어~'

로 시작되어 '장하다 우리 학교'로 끝난다. 모두 한 사람이 만든 학교, 한 사람이 지은 노랫말 같다. 도대체 여기에 무슨 교육의 '목적'이 들어 있나. 초등학교는 교육부나 교육청에서 시키는 대로 애들 사고 없이 잘 졸업시키면 되고, 중학교는 인문계 고등학교로 잘 보내면 되는 거고, 고등학교는 서울대나 연고대 많이 보내면 되는 게 오늘의 '학교' 아닌가?

설립자의 교육철학…? 우리나라에서 그런 철학 내세우면 곧바로 '불순분자'가 된다. 그게 어떤 철학이든 간에 말이다. 교육부에서 '창조적 인재양성 몇 개년 계획' 내놓으면 전국 수천 개 학교들은 그 기간 동안 모두 '창조'라는 말을 연간 교육계획 곳곳에 밥 먹듯이 그냥 막 집어넣어야 한다. 인터넷 전용선을 확대하면 '창조적' 인재 양성 계획의 일환이고, 철봉대 하나를 새로 만들어도 튼튼한 '창조적' 인재 양성 정책의 성과이다. 만약 교육부 장관이 바뀌어 '도전적 한국인 양성'으로 계획을 수정하면 인터넷 전용선 확대는 세계화를 위한 '도전적' 한국인 양성 계획의 일환이 되고, 때마침 철봉대를 새로 만든 것은 튼튼한 '도전적' 인재 양성 정책의 성과로 된다. 여기에 철학은 무슨 철학인가? 교과내용의 자율성까지는 바라지도 않는다. 수업시간 하나 바꾸고, 반 편성을 새로 해도 전부 보고하고 지시를 받아야 하는 판에 어떻게 특별한 교육 목적과 철학이 들어갈 틈이 생기겠는가. 시키는 대로 하지 않고 설립자가 제 뜻대로 학교를 이끌어 가면 과연 그 사람이 무사(?)할 수 있을까? "어쭈, 네가 그렇게 잘났어?" 하면서 교육계의 왕따가 되든지, 감사에서 무슨 꼬투리라도 잡혀 물러나든지, 둘 중 하나를 택해야 되지 않겠는가.

다소 흥분해서 막 얘기했지만, 여관과 학교의 모습이 무관하지 않다. 좀 과격하게 뚝 잘라 이야기해 보겠다. 내가 보기에 학교는 여관과 똑같이 됐다. 남들이 뻔히 정상(?)인 관계가 아닐 것이라고 보는 남녀가 마치 애인이라도 되는 양 팔짱을 끼고 들어가 거친 호흡을 뱉어 내는 여관이나, 다들 뻔히 정상적 기능을 상실해 버렸다고 생각하는 학교에 마치 대단한 지식과 배움의 길이 있는 양 의무적으로 들어가 그 뻔한 졸업장 하나 타려고 버둥거리는 학교나 다를 게 없지 않은가. 카운터 앞에서 비용을 지불하면 가장자리에 ○○장이라고 찍힌 수건 몇 장과 칫솔 두 개, 면도기 하나를 건네주는 천편일률적인 여관이나, 교육부에서 정해 준 납입금을 내면 표지 앞장에 교육부라고 찍힌 교과서, 모두가 똑같은 내용의 국어, 영어, 수학, 사회 책 건네주는 학교나 다를 바가 뭐가 있나. TV 한 대, 조그만 냉장고 하나, 방 한편에 침대 하나 덩그러니 놓여 있고 샤워 시설이 옆에 딸린 판에 박힌 여관방이나, 책상 40여 개, 녹색 칠판, 교탁 하나 놓인 모두의 상상 속에 똑같이 그려지는 교실이나 또 다를 바가 뭐가 있나. 에구머니, 신성한 교실을 그깟 여관방에 비유했다고 돌 맞을라. 그래도 농담 한 마디 더. 교실이 신성神聖한 곳이라면 여관도 신성新性한 곳 아닌가?

'대안학교'는 없다

대안학교 취재 후기를 부탁받아 놓고 좀 이상한 이야기만 했다. 하지만 대안학교 취재 후기라고 해봤자 별 게 없다. 비록 수박 겉핥기에 불과했지만 대안학교 몇 군데를 둘러보고 내가 느낀 소감은, 솔직히 없다. 대안학교에 대한 소감이 없다는 것을 넘어서, '대안학교라는 것은 없다'라고 느꼈다는 표현이 더 정확하겠다. 나는 대안학교를 취재했다기보다는 우리나라의 몇 가지 다양한 학교 중 한 부분을 살펴보고 온 것뿐이다.

'도대체 대안이란 무엇인가?' 하는 생각이 내내 머릿속을 떠나지 않았다. 때로는 조그만 감동을 얻고 온 학교도 있었고, 간혹 가다가는 '에게, 이게 뭐야?' 싶어 대강 목소리 몇 개만 녹음기에 담아 얼른 떠나고 싶은 학교도 있었다. 어떤 곳이 감동한 학교고 어떤 곳이 실망한 학교인지를 말하고 싶지는 않다. 내게 그럴 만한 자격이 있는 것도 아니고, 그래서도 안 되기 때문이다. 무척 감동을 받은 학교에서, 이런 학교를 한 해 운영하는 예산이 어느 정도 되는지를 물어보았다. 그리고 머릿속으로 계산기를 두드렸다. 우리나라 모든 학교를 이런 식으로 바꾸면 예산이 어느 정도 들지 알아보려고. 하지만 이런 알량한 계산을 하고 있다는 것 자체가 대안교육에 대한 몰이해라는 것을 깨달았다면 내 내공이 그만큼 쌓였다는 증거일까? 이른바 대안학교를 현재의 제도교육을 '대체할' 학교로 생각하는 것 자체가 나는 잘못되었다고 생각한다. 대안학교는 우리가 숱하게 만들어 가야 할 다양한 학교 중의 한 부분이고 계속되는 실험과 도전의 한 과정일 뿐이다.

나는 근대적 의미의 학교라는 건 궁극적으로 쇠퇴할 수밖에 없다고 생각한다. 앞에서 브리태니커의 친절한 해설을 인용했지만 학교가 '제도화'된 건 근대국가의 출범과 그 시작을 같이한다. 산업화는 기본적인 지식을 갖춘 산업 인력을 대량으로 요구했고, 근대국가는 성실하고 말을 잘 알아듣는 신민을 필요로 했다. 시민혁명은 교육의 기회균등을 요구했고, 이런 요구가 맞물리면서 '판박이 학교'들을 국가에서 마구 찍어 낼 수 있었던 것 아닌가. 그럼 시대가 바뀌고 요구가 달라지면 학교도 당연히 달라져야 한다. 그래서 나는 현재 공교육의 위기니, 교실 붕괴니 하는 것들도 당연하다고 생각한다. 좀 짓궂은 생각이긴 하지만 그런 뉴스를 들을 때마다 막 신이 난다. '더 무너져라, 더 깨져라, 야 신난다!'

그렇다고 내가 무슨 무정부주의자인 것은 아니다. 결국 그렇게 갈 수밖에 없는 흐름을 아득바득 돌려 보겠다고 공교육 정상화를 외치는 것만이 과연 올바른지, 교육현장을 두드려 팰 만큼 팼으니 이제 한번쯤은 되돌아 보자는 것이다. 물의 오염을 막는다고 강물의 흐름을 막고 거대한 정화 시설을 설계하는 방법으론 한계가 있다. 흐름을 알고 순방향으로 터 주어야 한다. 학교와 교육도 그 흐름대로 하면 된다. 이미 근대화를 넘어 탈근대를 외치는 마당에 국가가 교육을 독점하고 획일화하여 몽땅 관리하려는 발상은 이미 '시대착오적'이다. 언제까지 국가가 그 많은 일을 다 할 수 있다고 생각하는가? 정부에서 일일이 학교를 인정하고 교과서를 편찬하고 교과과정을 지도하고 학생 지도를 당부하는 것은 20세기의 유산으로 남겨 놓고 가자. 이제 교육과 학교의 본래 의미대로 갈 수 있도록 국가는 품안에서 이것들을 내놓아야 한다. 우선, 다양한 학교를 인정하자는 것이다.

양업고 같은 학교도 필요하고 간디학교 같은 학교도 필요하다. 한빛고 같은 학교도 필요하고 내가 졸업한 광주 진흥고 같은 학교도 필요하다. 학교를 거부하는 학생은 하자센터 같은 곳에서 맘껏 놀면서 배워도 좋고, 영재라고 판단되는 아이들은 영재학교에서 공부하면 된다. 지금 많이 생겨나고 있긴 하지만 요리학교, 애니메이션학교, 가수학교나 백댄서학교 같은 것도 생겨나야 한다. 학교 가기 싫으면 집에서 부모를 교사 삼아 배우는 것도 허용하고, 뜻 맞는 사람들끼리 동네에 서당을 세워 가르치는 것도 허용해야 하지 않을까? 문제는 학력차별주의인데, 시대가 바뀌고 학교의 벽이 무너지면 이런 건 자연히 소멸되어 갈 것이다. 지금도 그 진행형이고 말이다.

결국 교육은 누가 누구를 일방적으로 가르치는 것이라는 편견, 교육이란 학교를 통해서만 이루어지는 것이라는 편견, 학교가 모든 것을 다 해결해 줄 것이라는 편견을 바꾸는 것이 진정한 '대안'이 아닐까 생각한다. 결국 '대안학교Alternative school'란 없다. '교육에서의 대안Alternatives in education'이 있을 뿐. 굳이 의미 있는 말을 덧붙이자면 우리 자신, 우리의 삶 자체가 대안이 되어야 한다. 내가 대안학교를 보면서 느낀 건 바로 이것이다.

통일전선을 구축하자

사족처럼 몇 가지 덧붙이자면, 나는 '교육의 기회균등'이라는 말도 '다양한 학교'라는 테두리 속에 이해되어야 한다고 생각한다. 근대적인 학교를 정의하면서 등장한 '기회균등'이라는 개념에 우리나라의 독특한 평균주의 의식까지 결합해, 교육의 기회균등이라고 이야기하면 모든 학교를 똑같이 획일화하는 것이라고 생각하는 경향이 있는 것 같다. 그러나 진정한 기회균등이란 선택의 기회를 폭넓게 열어 주는 것이지 억지로 깎아내리고 추켜올려 동일선상에 맞춰 놓는 것이 아니다. 국가에 대항하는 철학을 설립 이념으로 한 학교의 설립이 인정되어야 한다면, 가진 자가 그만한 비용을 지불하면서 다니는 학교도 당연히 인정되어야 한다. 그런데 왜 우리는 그것을 배 아파하는 걸까. 내 것은 인정되어야 하고, 네 것은 인정될 수 없다면 이 얼마나 모순이고 폭력인가.

또한 나는 '대결적인 생각'들을 좀 자제했으면 좋겠다. 긴 취재 여정을 마치는 마지막 과정에 한겨레신문사가 후원하고 몇 개 단체에서 주최한 교육 관련 토론회에 참석했다.(굳이 이름을 숨길 필요가 없기 때문에 실명으로 거론하겠다.) 처음에 나는 이곳이 교육 관련 토론회인가 이른바 조중동(조선·

중앙·동아 일보) 성토대회장인가 의아하기만 했다. 한술 밥에 배부를 리 없겠지만, 행사의 의도는 '대안'을 찾는다고 하는데, 사람들의 말투에서부터 대안을 읽을 수 없었다. 특히 패널로 참석한 전교조 선생님의 발표와 발제문은 사실 좀 실망이었다. 선생님께는 송구스럽지만 애정을 갖고 말씀드린다.

나는 선생님께서 발제하시는 동안 십 년 전에 내가 읽었던 『학교야 학교야 뭐하니』라는 제목의 책이 생각났다. 전교조에서 발행한 책은 아니지만 1989년 전교조 투쟁 당시의 정서를 그대로 대변한 책이리라. 내 기억으로 그 책에는, 지금 교육현장은 학교장이 민주적인 교사를 감시·고발하고, 학교는 그야말로 입시 지옥이며, 자살하는 학생은 끊이지 않고, 반민주 반민족적 교육내용으로 가득한 곳으로 묘사되어 있었다. 나는 최근 조선일보를 비롯한 일부 언론의 교육에 대한 '공격'이 십 년 전 전교조의 교육현장 스케치와 오십보백보라고 생각한다. 선생님께서는 일부 언론이 사립학교법 개정안 입법 등을 앞두고 교육현장의 부정적인 면만을 부각시키고 있다고 하셨는데, 부정적인 면을 선전했던 점을 놓고 보자면 당시 전교조가 더 심하지 않았을까? 나는 당시 전교조가 공산주의자들의 사주를 받아 교육현장을 적색화하려고 그런 선전을 했다고 생각지 않는다. 마찬가지로 현재 일부 언론의 교육현장 비판도 이렇게 받아들여야 하지 않을까? 모든 사물 현상에 긍정과 부정이 혼재되어 있겠지만, 부정만을 이야기한다고 '음모'를 캐며 색안경을 끼고 볼 필요는 없다. 종합적인 논문이라면 모를까 신문이 꼭 긍정과 부정을 몽땅 담아낼 필요 역시 없다. 그 부정적 측면이 과연 사실인가 아닌가의 검증이 필요하다면 모를까.

또한 "쟤들의 속셈은 이래." "쟤들은 과거에 이런 놈들이니 안 돼." 하면서 자꾸 적대시하는 것이 대체 무슨 소용이 있을까? '통일전선'이라는 말을 나는 무척 좋게 생각한다. 적군을 최소화하고 아군을 최대한 확보하는 것은 어떠한 목표를 두고 '운동'하려는 사람이라면 당연한 자세 아닌가? 그런데 왜 자꾸 적敵을 만들려고 할까? 긍정을 주로 이야기하는 사람이 있으면 부정을 이야기하는 사람이 있고, 고수하려는 사람이 있으면 변화를 주장하는 사람도 있을 수 있다. 또 외곽에서 잘못을 지적해 주는 사람이 있다면 현장에서 대안을 만들어 가는 사람 역시 있어야 한다. 나는 이러한 자세와 마음가짐이 특히 대안교육을 고민하는 사람이라면 꼭 갖춰야 할 덕목이라고 생각한다. 수백 년 동안 도전할 수 없는 불가침의 영역으로 여겨졌던 '학교'라는 절대권력에 감히 덤벼든 대안교육 운동가들 아닌가. 무서울 게 무엇이냐는 패기도 필요하지만 품어 안지 못할 게 무엇이냐는 넉넉함도 그만큼 필요하겠다.

나아가 나 역시 이 글 내내 학교를 성토했지만 그렇다고 제도교육 자체를 적대시할 필요는 없다고 본다. 통렬하게 비판할 땐 하더라도 실천의 영역에서는 달라야 한다. 아주 간혹이긴 하지만 대안학교를 제도교육에 대항할 투사로 생각하고, 제도교육 전체를 '적'처럼 간주하는 사람들을 보았다. 대안은 함께 고민하며 만들어야 의미가 있는 것이지 혼자 만들어 놓고 따라오라고 손짓하면서 왜 못 따라오냐고 윽박지른다고 이루어지지 않는다는 것을 새삼 느낄 수 있었다. 그것을 고민해야 할 시점인 것 같다. 교육도 그렇고, 한국 사회도 그렇고… 정말이지 교육은 그 사회의 반영 아닌가.

학교에 관한 거짓말을 넘어

달동네에서 자라 다시 달동네로 오기까지

나는 지금 병원을 열고 있는 봉천동에서 어린 시절을 보냈다. 본격적인 이야기를 하기 전에 내 이야기를 조금 해보겠다. 어린 시절 초등학교를 다닐 때 애향단을 조직해서 학교 주변을 청소하는 활동을 하려고 한 적이 있다. 기특하다는 이야기는 몇 번 들었지만 아이들이 많이 모이지 않아 친구들 몇 명과 운동장에서 공만 차다가 돌아오지 않았나 싶다. 희미한 어린 시절의 추억이다.

그러고 나서 한참 뒤 의과대학 시절에 부천의 한 빈민 지역에서 빈민 진료 활동을 한 적이 있었다. 대학 시절 어줍잖은 운동권 생활을 하면서 의학 공부를 게을리하는 바람에 진료소 활동을 하면서도 진료에 관한 부분은 자신이 없었다. 그래서 몸으로 할 수 있는 일을 찾아야 했고, 그 덕에

김현수 _ 서울 봉천동에서 '사는기쁨 신경정신과'를 열고 있고, '성장학교 별'의 교장 역할도 맡고 있다. 『아이들이 인터넷 게임 때문에 너무 아파요』 같은 책을 썼다. 이 글은 안양 인근 지역 대안학교 준비모임에서 강연한 내용을 정리한 것이다.

누구보다 자주 그 동네의 화장실을 소독하게 되었다. 이집 저집 기웃거리며, ○○교회 진료소에서 왔는데 화장실을 소독해 드릴 테니 문 좀 열어 달라고 부탁을 해야 했다. 지금 생각해 보면 그 일을 어떻게 했나 싶다. 지금은 정말 깡촌이 아니고서야 다시 할 수 없는 일일 것이다. 하지만 그때는 지역활동 중에 화장실 소독이 매우 중요한 기초 위생 활동의 하나였고, 나는 지역을 방문하는 날이면 열심히 돌아다니면서 보건소 직원처럼 실적을 올리기(?) 위해 애를 썼다. 이것이 나의 최초의 본격적인 지역활동이었던 셈이다. 지역주민의 마음을 얻고 지역주민 조직을 만들기 위해 어쩔 수 없이 해야만 했던 그 일을 시작으로 나는 지역활동을 시작했다. 그리고 그 활동을 열심히 한 덕에 승진(?) 기회를 얻어, 지고 다니던 소독통을 벗고 인천지역진료소연합이라는 연합 단체에서 지역활동부 차장 일을 하게 되었다. 그 뒤 당시 유행하던 파견 진료단이나 이동 진료단을 꾸리는 것을 돕고 지역활동을 조직한답시고 폼은 잡았는데 주로 한 일은 동네 술집들을 쫓아다니는 일이었다.

의과대학을 졸업하고 곧바로 공중보건의가 되었다. 첫 근무지는 경북 김천의 소년교도소였고, 다음 근무지는 서울의 보건사회연구원이었는데, 사무실에서 공중보건의들이 지역사회를 잘 진단하고 보건 계획을 잘 수립할 수 있도록 교육하는 책자를 만드는 일을 했다. 지금으로 말하자면 후진국 의사들이 지역사회의 보건과 위생을 파악하고 활동할 수 있도록 도와주는 기초 자료를 만드는 일이었다. 마을의 우물과 화장실, 부엌과 일터, 전염병과 위생, 지역사회의 자원과 의료기관의 배치, 의료 전문가들과 지역주민과의 관계, 의사소통 등에 관해 아주 기초적이지만 지역보건에 관한 공부를 할 수 있었다. 아마도 이때 지역보건에 대한 마음가짐을 갖게 되지 않았나 생각된다. 그리고 그후에는 도청의 보건과에 들어가 보건소의 보건 활동을 기획하거나 평가하는 일을 했다.

공중보건의를 마치고 나는 간신히 정신과 의사가 되었다. 그런데 마침 내가 소속된 정신과 교실은 지역사회 정신의학으로 유명한 곳이었다. 그곳에서 지역사회 정신보건에 관한 공부를 하여 깊이 이해할 수 있게 되었다. 안산과 수원에서 활동하면서 가정방문 사업과 더불어 정신질환자가 지역사회에 적응하고 더불어 살아갈 수 있도록 편견을 없애고 권리를 신장하는 활동을 했다. 당시 가정방문을 다니면서 충격적인 체험을 하기도 했다. 그때가 1997년도였는데 아직도 대통령이 박정희인 줄 알고 지내는 사람을 만나기도 했고 전철을 한 번도 타보지 못한 사람을 만나기도 했다. 같은 하늘 아래 살면서도 이렇게 다른 삶을 살아가는 사람들이 있다는 것을 깨달았다. 지역사회 정신의학은 지역사회에서의 작업 자체를 매우 중시했기 때문에 일을 하는 동안 많은 지역 인사들과 교류하는 것도 배웠다. 이후 전문의 자격을 취득한 후에 선배 병원을 거쳐 내 어릴 적 삶의 터전이기도 했던 봉천동 달동네에 와서 지금의 병원과 학교를 운영하게 되었다.

학교가 지역에 뿌리 내리려면

한국에서 지방자치 시대를 알리는 지방선거가 시작되면서부터 시민단체들에서 지역운동, 풀뿌리 조직, 생활협동조합에 관한 공부를 시작했는데, 나는 그때 병원에 들어가야 했기 때문에 공부를 열심히 하지는 못했다. 대신 가난한 이들을 돕고 그들의 소외와 상처를 치유하기 위해 생태적 접근이 필요하다는 가족치료, 사회복지, 지역사회 정신의학 공부를 조금 더 열심히 할 기회를 갖게 되었다. 그리고 내가 학습하는 여러 분야, 특히 영어권 국가들에서 들어오는 자료들을 통해 서구에서는 지방자치 역사 속에서 형성된 경험을 바탕으로 지역사회의 중요성을 다양한 차원에서 제기하고 있다는 것을 알게 되었다. 사람들의 편견을 최소화하고 제거하는 일에서부터 소외되고 상처받은 사람들이 함께 살아갈 수 있도록 지역사회가 준비해야 할 일들이 무엇인지에 대해 공부했다. 정신장애인이 수용소에서 해방되어 지역사회에서 살아갈 수 있기까지는 많은 사람들의 헌신과 투쟁이 있다는 것도 알게 되었다.

지역사회, 마을, 동네는 삶의 터전이다. 사실 우리가 매우 장대한 삶을 살고 많은 거리를 이동하며 숱한 사람을 만나고 사는 것 같지만, 결국 우리 주변의 사람들과 어울려 밥을 먹고 일을 하며 생활을 한다. 세계화, 유목적 삶을 이야기하지만, 그 또한 돌아와 쉴 수 있고 나눌 수 있는 둥지를 전제하는 것이라야 가능하다. 나는 독일 함부르크에서 만났던 노스승 모셔Mosher 박사가 했던 말을 잊지 않고 기억한다.

"저는 한 마을에서만 사십 년을 넘게 살았습니다. 제가 한 마을에서 열심히 살아온 것이 이렇게 세상 사람들에게 감명을 줄 줄은 몰랐습니다. 저는 단지 우리 마을 사람들이 정말 행복하게 살기를 바랄 뿐이었습니다. 장애가 있는 사람이건 없는 사람이건, 똑똑한 사람이건 아니건, 자동차가 있는 사람이건 없는 사람이건 상관없이 모두가 말입니다."

관심, 참으로 있을 듯한데 없는 것

나는 지역사회와 학교가 가까워지는 것이 그리 어려운 일이라고는 생각하지 않는다. 하지만 우리에게는 이것이 어려운 과제가 되고 있다. 왜 이렇게 되었을까? 그리고 이것이 학교의 책임일까 아니면 우리의 책임일까? 현재 많은 학교들이 담장을 허물고 있는데, 담장만 허물어지면 지역사회와 학교가 가까워질 수 있을까?

나는 여기서 두 가지의 거짓말과 우리의 위선을 발견한다. 학교 앞 문방구 아저씨의 삶이 우리 아이들의 미래가 아니라는 거짓말, 또 하나는 배울 수 있는 모든 것이 학교에 있다는 거짓말이다.

우리 주변에 있는 모든 이웃이 우리 아이의 미래이다. 의사, 변호사, 교수, 대기업 직원, 이른바 성공한 사람들만이 우리 아이의 이웃이라는 거짓말이 지속되는 한, 학교와 아이들은 주변에 관심을 가질 수 없다고 나는 확신한다. 그래서 아이들은 정형화된 희망만 복제하고 있다. 성공에 매도된 삶의 노예가 되어 버린 아이들은 이웃을 관심의 대상으로 두지 않는다. 혹시 아이가 구멍가게 주인이 되고 싶다고 하면 교사나 부모들은 그것은 제대로 된 꿈이 아니라고 잘라 말한다. 그래서 아이들은 그런 일을 하는 사람들을 꿈을 잃은 사람으로 바라보게 된다. 그런 마당에 어떻게 아이들이, 또 교사와 학교가 그런 이들과 교류할 수 있겠는가?

훌륭하다는 것은 무엇인가? 좋은 직업, 많은 돈, 명성이 훌륭한 것인가? 그래서 그런 훌륭한 분들이 억압과 기만의 원흉들이 되어 있는 것인가? 사람을 사랑하고 평화를 숭상하고 인간은 누구나 고귀하다는 생각이 사실은 거짓말이라고 가르쳐 온 것이다.

또한 우리는 배워야 할 모든 것이 학교에 있고 학교만이 배움의 장이라고 생각해 왔다. 이 말이 너무도 당연하게 들린다면 우리는 이미 타성에 젖어 있는 것인지도 모른다. 그래서 아이들이 동네에서도 배울 수 있다는 것을 무시하고 아이들을 그저 학교로 몰아넣기만 했다. 학교만이 배움의 장이라고 강요함으로써 아이들로 하여금 그 무수한 삶의 터전을 배움의 장이 아닌 요상한 것으로 생각하게 만들었다. 그래서 많은 사람들이 시장에서 물건을 팔고, 거리에서 일을 하며, 경찰들이 마을을 순회하는 것에서는 배울 것이 없다고 생각하게 되었다. 배움은 오직 책과 선생님에게만 있다고 거짓말을 해온 것이다.

인도의 현인 비노바 바베는 책이 너무 많은 것이 문제라고 했다. 그분 말씀에 따르면 책을 들고서 교실에 앉아 있는 것은 배움과 가장 거리가 먼 것이다. 미국의 교사 존 테일러 개토가 26년 동안 자신이 교사로서 저질렀다고 고백한 일곱 가지 죄 가운데 하나가 아이를 교실에 구속한 것이라고 한 말은 단지 멋진 연설 구절만은 아니다. 우리는 학교에서만 배움이 있다는 거짓말을 하여 많은 우리 이웃의 삶을 비하시키고 말았다.

나는 이 대표적인 두 가지 거짓말 때문에 학교와 아이들이 우리 마을과 이웃들의 삶에 관심을 잃게 되었다고 생각한다. 하지만 이 두 가지 거짓말은 쉽게 고쳐지지 않는, 무서운 현실이다.

관심을 갖고 그분들의 삶을 보는 것, 이것이 지역사회와 학교 간 교류의 출발이다. 학교를 둘러싼 모든 상점과 사무실, 은행과 우체국, 파출소와 시장, 또 거리를 거니는 사람들 모두의 삶을 들여다보고 관심을 갖게 될 때, 그분들과 거리에서 같이 춤출 수도 있고 교실에서도 춤출 수 있는 마음 자세가 되어 있을 때, 이런 관심에 기초한 상상력이 자연스럽게 펼쳐질 때 지역이 마음 안에 들어온 것이라고 할 수 있다.

트임과 교류_학교 문턱 낮추기

사람들은 대안교육이 매우 어렵다는 인상을 갖고 있다. 한마디로 어려운 교육이론이지 않을까 생각한다는 것이다. 하기야 우리는 국영수 위주의 전체주의 교육, 교실 교육, 시험 평가 교육이 자연스럽기 때문에 대안교육이 어렵게 느껴지는 것은 자연스러운 일일지도 모르겠다.

한때 병원 문턱을 낮춰야 한다는 이야기를 의사들이 즐겨 했다. 학교 또한 이제 그 문턱을 낮추어야 한다. 우리는 관심을 갖고 지역주민들의 삶을 보면서 학교의 문턱을 낮춰 그분들을 맞이해야 한다. 여기서 참으로 어려운 도전에 직면하게 된다. 바로 교사에 관한 것이다. 교육이 전문적인 일이라는 말은 부분적으로만 맞는 이야기이다. 삶에 관한 교육에서는 누구나 전문가이기 때문이다. 그렇다면 누구나 교사가 될 수 있다는 이야기이기도 하다. 셈을 문방구 아줌마가 가르쳐 줄 수도 있다. 떡볶이 요리는 동네 문방구 아줌마가 가장 잘 가르쳐 줄 수 있다.(그분은 현재 별학교 후원자로 동네 교회 분들을 모두 끌고 오셔서 소개도 해주시고 후원을 활성화하려고 애쓰고 계신다.) 더 큰 셈은 우리 동네 은행 아저씨가 가르쳐 줄 수도 있다. 그분은 매우 큰돈 계산에 자신 있어 한다.(그분은 별학교 학생들의 학생증을 만들어 주셨다. 현금카드와 학생증 겸용 카드다. 물론 지금은 대안교육센터 학생증이 나와서 빛이 바랬지만.)

나는 여기서 또 우리가 하고 있는 교사에 관한 두 가지 거짓말을 만나게 된다. 하나는 교사는 다 알고 있다는 거짓말이고, 또 다른 하나는 교사는 가르치는 사람이며 교사만이 가르칠 수 있는 사람이라는 거짓말이다. 전형적인 학교에서는 교사만이 정답을 알고, 또 많은 것을 아는 사람으로 상정되어 있다. 하지만 교사는 그렇게 많은 것을 알고 있지 않다. 단지 교사가 답을 쥐고 있기 때문에 아이들은 두려움을 갖고 교사를 대한다. 그가 쥐고 있는 정답과 다른 것을 말하면 아이들은 낮은 평가를 받고 그래서 교사는 아이들 위에 군림할 수 있게 된다. 하지만 교사는 자신이 교실에 들고 들어온 문제들에 관한 답만을 알고 있을 뿐이다.

교사는 가르치는 사람이며, 교사만이 가르쳐야 한다는 생각은 교육의 수직적 위계를 세우는 기초이다. 교사는 학생들과 함께 배움을 나누는 사람이며, 다양한 사람들과 함께 아이들의 배움이 풍족해지도록 인도하는 사람이다. 교사에 대한 거짓말들로 말미암아 학교는 지역사회의 이웃들을 교사로 초대할 수 없게 된다. 교실은 그래서 교사의 것이 된다. 그리고 이웃들은 가르침의 방관자가 되거나, 창밖에서 바라보며 '저런 쓸데없는 것을 가르치나', 혹은 '쉬운 걸 무지 어렵게 가르치고 있네' 하는 마음으로 팔짱을 끼고 교사를 대하게 된다. 이웃이 교사가 될 수 있는 기회를 가져야만 지역사회가 학교로 성큼 걸어 들어올 수 있다.

나는 여기서 다른 한 가지 말씀을 드리고 싶다. 지역사회와 학교 하면 나오는 거대한 담론, 생태주의적 접근 같은 담론들에 주눅 들지 말자는 것이다. 지역사회와 학교가 어울리기 위해 들고 나와야 하는 이론이 너무 어려우면 사실 서로가 두려워서 트임이 일어나지 않는다. 일단 동네와 학교가 함께 공유하는 일상의 문제에서부터 시작해서 우리 마을을 좀더 살기 좋은 곳으로 만들기 위해 이런저런 이야기가 진행되어 그런 담론에까지 이르는 것이 바람직하지 않을까 생각한다. 하지만 처음부터 거대 담론으로 시작하면 폼만 잡을 가능성이 많고 현학자들의 행세가 아닐까 생각한다.

그래서 별학교 교사들에게는 하워드 가드너가 언급한 시대적 교사 역할의 변천에 따라 교육 코디네이터로서의 역할이 더 강조되곤 한다. 특히 정보화 사회라고 하는 체계가 우리를 습격한 이후 세부 분야별 전문가는 세상에 넘쳐 나고 있다. 과목 담당 교사들은 자꾸 설 자리가 줄어든다. 수학,

영어, 국어 같은 과목은 이미 거대 과목이다. 함수는 누구, 통계는 누구, 잘 발달된 사교육 시장에는 이미 정선된 강사들이 포진해 있고, 그들이 누구인지를 아이들조차 빠삭하게 알고 있다.

트임과 교류는 학교의 교육과 교과에 대한 새로운 이해에서, 그리고 학교의 문턱을 한껏 낮추고 삶의 교육, 일상생활 속에 마을과 학교가 교류하는 생생한 장면을 교육적으로 승화시킬 수 있는 안목 있는 학교 운영에서 일어나는 거라고 생각한다. 교류가 일어나기 시작하면 그것은 순환을 불러일으킨다. 생선가게 아줌마가 생선에 대해 가르치면 옆의 채소가게 아줌마가 채소에 대해 가르쳐 주고, 그러면 과일가게 아줌마가 따라오고 그다음엔 정육점 아저씨가 따라온다. 그렇게 되면 자연스런 통합 교과가 구성되는데 이론가인 대학원생 자원교사와 현장에 있는 가게 아줌마가 한 조를 이루어 아이들에게 식품에 대해 가르치고, 거기에 유기농 전문가의 생태주의 특강이 이루어지면 멋진 지역사회 과목이 되는 것이다.(거기에다 덤으로 아이들에게 채소, 과일, 생선, 고기를 선물로 주면 일석사조쯤 되지 않을까 생각한다. 이런 수업은 우리 학교의 다음 프로젝트이다. 학교 근처에는 재래시장이 있는데, 시장은 멋진 교육장인 듯하다.)

플랫폼 혹은 광장

그리하여 학교는 시끄러운 광장, 우리 동네의 광장이 된다. 책을 보고 만나고, 광고를 보며 정보를 나눈다. 만나기로 했던 사람들끼리 만나 지식을 나눈다. 때로는 일자리를 만들어 나누기도 하고 즐겁게 노래를 부르기도 한다. 많은 지역사회 이웃들이 모이고 흩어지고, 배우고 가르치고, 나누고 되돌아가는 곳이 되는 것이다.

여기서 또 한 가지 나의 편견에 대해 이야기를 해야겠다. 지역사회와 학교 하면 또 흔히 언급되는 용어가 지역공동체라는 말이다. 공동체라는 용어는 현대인들에게 향수를 불러일으키고 자신을 달래주는 말인 것 같다. 나는 도시형 대안교육 공간에 공동체라는 용어를 쓰면 자칫 폐쇄적인 인상을 줄 수도 있다는 기우(?)를 갖고 있다. 학교가 많은 사람들의 관심과 트임, 교류의 순환이 일어나는 곳이 되기 위해서는 느슨한 연대의 틀을 지닐 필요도 있다. 모든 조직과 구성 요소가 촘촘히 채워질 수도 없고, 단 하나의 사상과 이데올로기로만 뭉쳐질 수도 없다. 우리가 상식으로 믿는 보편적 원리가 적용되는 가운데 자율적이고 다양한 담론을 주고받으며 서로를 이해하기 위해 노력하면 되는 것이다. 우리는 학교를 더 광장답게 만들어서 흔히 사람들이 말하는 평생교육과 지역교육(동네 아줌마, 부모, 특별한 취미가 있는 학생들, 대안교육을 고민하는 청년들, 풍물패, 치과, 한의사 같은 사람들과의 교류 등)이 이루어지는 학습과 토론의 민주적 공간이 되길 희망한다.

마지막으로 학교는 그동안 또 하나의 거짓말, 국가를 위한 민주 시민의 교육장이라는 거짓말을 해왔다. 우리의 공교육 학교에 민주주의가 있다고 보는가? OECD 국가 중 학생회의 지위가 학칙에 포함되지 않은 나라는 우리나라를 포함하여 몇 안 된다고 한다. 학교는 교장이 왕인 왕국 같은 곳이라는 것이 평교사들과 학교를 조금이라도 알고 있는 사람들의 한결같은 이야기이다. 국제대안교육연대에 가입하기 위한 조건은 그 학교가 민주적인 학교여야 한다는 것이다. 민주적인 학교란 구성과 운영에 민주적 과정과 내용이 모두 반영되는 학교를 말한다.

현재의 학교는 학생과 학부모에게 무엇을 배울 것인지, 무엇을 할 것인지 묻지 않는다. 학교에서 소풍을 어디로 갈 것인지 학생에게 묻기만 해도 학교는 아마 급속히 활기를 띠게 될 것이다. 학생회, 학부모회 의견을 단지 참고만 해도 감지덕지다. 학교에 토론이 있는가? 혹시 토론식 수업이 간혹 있을지는 몰라도 오늘의 한국 학교에 토론은 없다. 소풍을 가기 싫은 학생이 있다면, 그 학생들을 위해 학교는 또 다른 프로그램을 진행하는가? 하지 않는다. 학교는 다양성을 존중하지 않으며 무엇보다 소수를 무시해 버린다. 그렇기 때문에 한국에서 소수는 상처투성이가 되어 버리고 만다. 한국의 학교는 줄 맞춰 서 있는 사열대이다. 여전히 열병식을 하는 학생들, 갇힌 학생들, 입 막은 교사들, 입 막음을 당한 교사들이 지역과 유리되어 있는 병영 같은 공간이다.

지역사회와 교류하는 학교가 되기 위해서는 민주적 학교가 되어 자유로운 왕래와 다양한 교류, 소수를 위한 프로그램과 교육받지 않을 권리마저도 염두에 둘 수 있어야 한다는 것이 내 생각이다.

학교, 축제의 장

그래서 학교는 축제의 중심이 될 것이다. 대안교육에 참여하는 한 교수님 말씀처럼 '학교를 살려 사회를 살리자'는 말은 타당하다고 생각한다. 학교를 통하면 가족과 지역사회가 모이기 쉬우니까 말이다. 만일 학교해체론과 홈스쿨링을 적극 지지하는 분이라면 동네 혹은 삶과 학습의 공간이 중심이 되어 사회를 살리자고 말해도 좋겠다.

우리가 맹렬히 공부하여 한국 사회에 맞게 변형하고 한국에서의 전통적 전형을 찾아보려고 하는 지역사회 학습, 혹은 서비스 러닝Service learning 혹은 지역사회 참여봉사 학습에서는 학습이 지역에 기여하고 지역이 학습에 기여하는 과정을 통해 사회적 진전을 이루고 이를 전 사회가 축제로 전환시켜 나가는 과정을 중시한다. 특히 축제에 방점을 찍는다. 축제는 학습의 결과이고 사회적 진보의 결과를 의식적으로 확인하고 사회에 축적시켜 나가는 행동이다. 그래서 축제 자체가 매우 큰 교육적 효과를 가진다고 본다.

여러분들의 축제를 기다린다. 여러분들의 학교가, 혹은 공동체가, 혹은 각각의 주체적 학습자들이 새로운 시공간에서, 이미 한 걸음 더 높은 곳에서 축제의 불꽃을 터뜨리길 기대한다.

자전거 타기가 우리에게 가르쳐 주는 것

_ 학습과 기억은 어떻게 다른가

이 차의 매뉴얼을 외우십시오?

　　　　　　　현재의 교육체계는 기억하기와 학습하기가 같다는 잘못된 가정 위에 세워져 있다. 그러나 사실 학습과 기억은 매우 다른 과정이다. 학습이란 사물의 모든 가능성을 탐험하는 것이다. 어떤 것에 대한 지식을 얻기 위해 주의를 기울이는 것. 주의 깊게 살펴보고 사려 깊게 생각하며 그 본질에 대한 결론을 끌어내는 것이다. 반면에 기억은 아무런 주의력 없이 뭔가를 머릿속에 저장하고 끄집어내는 일이다.

　예를 들어 사진기술을 학습하려면 카메라 작동법과, 어떤 사진에는 어떤 필름을 써야 하는지를 알기 위한 시간이 필요하다. 노출계가 어떻게 작동하며 왜 필요한지를 알아야 하고, 어떻게 하면 훌륭한 사진이 나오고 어

───────────────

산들바람 _ 이 글은 미국 메인 주에 있는 '젠틀윈드 스쿨'에서 펴내고 있는 소식지 『리바운드』에서 뽑은 글이다. 『리바운드』는 현대 교육의 파괴적인 영향에 반발하는 부모들이 가정에서 교육하는 데 많은 도움을 주고 있다.

떤 때 그렇지 않은지를 알기 위해 야외에서 많은 사진을 찍어 봐야 한다. 사실 훌륭한 사진을 찍기 위해서는 수백 수천의 다양한 사진을 찍어 봐야 한다. 또 암실을 만들어 필름 현상법도 익혀야 한다. 흑백 사진에는 어떤 현상약을 써야 하고 컬러 사진에는 어떤 것을 써야 하는지, 또 인화지를 약품 속에 얼마만큼 담가 놓아야 하는지도 알아야 한다.

다시 말해, 사진기술을 배우고 실질적인 지식을 얻기 위해서는 시간을 두고 몸과 마음을 그 일에 푹 담궈야 한다. 수학이나 언어 또는 다른 것을 학습할 때도 마찬가지다. 수학에 대한 실질적인 지식을 얻기 위해서는 수학에 몰입해야 한다. 언제 어떤 곳에서 수학이 어떻게 쓰이는지를 알아야 한다. 최초의 쓰임새가 건축에 있었기에 수학을 학습하고자 한다면 건축 같은 물리적인 프로젝트에 관여해 보아야 한다.

'학습'이란 단어 대신에 '친숙하게 하기familiarize'란 단어를 쓸 수 있다. 이 단어는 인간이 지식을 얻는 방법을 묘사하는 가장 적절한 단어일 것이다. 한 사람이 어떤 것과 친숙해진다는 것은 그것에 익숙해지고, 길들여지고, 널리 알게 된다는 것이다. 새 차를 살 때, 판매인은 고객에게 "이 차의 매뉴얼과 친숙해지십시오." 하고 말하지, "이 차의 매뉴얼을 외우십시오." 라고 말하지는 않는다. 그렇게 말한다면 어이없는 일일 것이다. 그럴 필요가 없기 때문이다. 그러나 학교에서는 아이들에게 하루 종일 매뉴얼을 외우도록 요구한다.

학습과 기억은 어떻게 다른가

교육자들은 학습과 기억을 같은 것이라 말한다. 그러나 기억이란 학습과 반대되는 개념이다. 무언가를 기억하기 위

해서는 자신을 학습하는 대상에서 분리시켜야 한다. 당신은 대상을 조각
난 데이터로 나누고 이 조각 정보를 묘사하는 단어를 기억해야 한다. 전체
에 관심을 기울이지 못하고 조각난 데이터에 관심을 쏟는다.

예를 들어, 학교에서 하는 식으로 사진기술을 배우려고 한다면 교과서
에 나오는 사진기의 여러 부품들을 기억해야 하고, 여러 개의 조각 정보로
나누어져 있는 사진기 조작법을 죽어라고 외워야 할 것이다. 그리고 물론
학교에서는 사진기의 각 부품에 대한 정의를 기억하고 있는지 테스트할 것
이다. 그래서 그런 것들을 기억해 내는 능력에 따라 등급이 올라가고, 과정
이 끝났을 때는 사진기술에 대해 뭔가 알게 되었다는, 사진을 어떻게 찍고
현상하는지 알게 되었다는 잘못된 상상을 하게 되는 것이다.

그러나 그 과정이 결코 실제 사진기술과는 무관했기 때문에 머지않아
기억했던 정보들은 잊혀진다. 더욱이 학교에서 가르치는 모든 과목과 마
찬가지로 사진기술도 조각 정보로 제공되기 때문에 당신은 그것을 무의
미한 데이터로 결론짓게 된다. 사진기술 시험을 아주 잘 본다 해도 점수
를 따기 위해 조각 정보에 대한 기억 능력으로 시험을 보는 것은 사진 과
목을 혐오하게 만든다. 당신에게 사진 촬영의 놀라움과 기적은 영원히 일
어나지 않을 것이다.

빼앗긴 황홀한 춤의 기억

사람이 뭔가를 배우는 자연스런 방법은 대상
과의 직접적이고 사적인 관계를 통해서이다. 그 대상에 대한 정보는 모두
가 그 대상을 학습하는 과정에서 나온다. 다시 말해 시간을 들여 사진기
술 같은 과목을 학습하면, 결국 끝마칠 때는 사진술에 대한 정보의 조각

들을 기억하게 되는데, 이 경우에는 기억하려는 노력 없이 사진기술을 학습하는 과정에서 자연스럽게 얻게 된 지식이다. 인류가 오랜 기간 동안 정보를 존속시킬 수 있는 방법은 바로 학습(자신을 그 과목과 친숙하게 만들기)을 통해서였다. 교육자들의 연구에 따르면 대부분의 고등학교 졸업생들은 학교에서 기억한 정보의 5퍼센트도 상기하지 못한다.

연관성 없는 정보 조각들을 기억하도록 강요함으로써 우리는 아이들에게서 삶이라는 황홀한 춤을 출 기회를 빼앗고 있다. 모든 부모들이 볼 수 있듯이 학교에 들어가기 전에 아이들은 삶의 춤 속에서 움직인다. 세상이 움직이는 방식에 대해 알 필요가 있는 것은 열 살 미만의 아이들도 알려고 하면 알 수 있다. 즉 삶의 춤이란 사물에 대해 얘기하고, 접촉하며, 껴안고, 솜씨 있게 다루기인 것이다. 딱딱한 나무 의자 위에 삶의 춤은 없다. 교실 안의 심리적인 구속 상태에서는 춤의 에너지는 일어날 수 없으며, 자연스런 연결 상태에서 떨어져 나온 조각난 정보들의 기억을 통해 가능한 것은 더더욱 아니다.

사람들은 자신이 안고 함께 춤춘 것들만 기억한다. 어렸을 때 받은 교육의 질에 따라서 우리는 이렇게 삶과 함께 춤출 수 있게 되거나 아니면 영영 춤추는 능력을 잃어버린다. 성인이 되어 세상의 모든 기술들을 손가락 끝으로 다룰 수 있는 위치에 오지만, 그것들과 함께 춤추지 못한다면 문제를 해결하기 위해 그 기술들을 쓸 수 없다. 조각난 정보를 기억하느라 시간을 허비하고, 삶의 춤을 강탈당한 의원들로 국회는 가득 차 있다. 이제 그들은 이 나라가 직면하고 있는 심각하고 생명을 위협하는 문제들을 해결하는 데 무력하게 된 것이다.

우리가 살고 있는 물리세계의 중요성

실질적인 학습을 기억으로 대체하면서 교육자들이 간과한 것은, 우리가 정신세계가 아닌 물리세계에 살고 있다는 사실이다. 정신세계의 성취를 추구하기 전에 아이들에게 먼저 물리세계를 학습하고 그 세계의 참된 지식을 얻을 기회를 주어야 한다.

인간이 물리세계를 학습하는 자연스런 시기는 영아기에서 9세쯤까지이다. 물론 몇몇 아이들은 좀더 많은 시간이 필요하다. 이 자연스런 계발 기간은 모방과 흡수성의 시기라고 한다. 이 기간 동안 인간은 물리세계를 학습할 기회를 반드시 가져야 한다. 직접 물리세계의 경험을 축적할 기회가 없으면 나중에 올바른 정신적 상像을 형성할 수 없다. 물리세계를 학습할 기회를 갖지 못한 아이들은 실체에 뿌리박지 못한 정신적 허상을 부여안고 살게 될 것이다. 이 사회의 모든 교육받은 사람들의 경우가 바로 이것이다.

더욱이 학교에서 모든 것은 평평하다. 벽도 평평하고, 책상도 평평하며, 마루도 천정도 문도 모두 평평하다. 칠판과 책, 게시판도 모두 평평하다. 심지어는 대부분의 교사들도 정신적, 정서적으로 평평하다. 흡수성의 시기에 아이들이 이런 학교에서 생활하게 되면 융통성 없고 2차원적인 교실의 단조로움을 흡수하여 자신도 모르게 의식이 평평하게 변한다.

어린아이들이 흡수성의 시기를 잃어버리거나, 물리세계에 대한 지식을 얻는 자연적 논리적 과정을 방해받으면 영원히 돌이킬 수 없는 해악을 입는다. 이 시기에 물리세계를 학습하고 친숙해질 기회를 빼앗는 것은 심리적 잔혹 행위와 같다. 물리세계를 학습하고자 하는 아이들의 자연스런 요구를 막는 것은 이제 걷기를 배우려는 아이에게 뛰게 하거나 배고픈 아이에게서 음식을 빼앗는 것과 똑같다.

자연적인 체계의 모든 것이 정신이 아니라 물리세계를 경험하라고 요구하는 때에 아이들을 엄격하고 퇴보적인 2차원적 교실에 묶어 두는 것은 결국 그들을 절망하게 만든다. 이 절망이 때로는 내적(內的)이며 조용할 때도 있고 그렇지 않을 때도 있는데, 그것은 이런 절망을 처리하는 것이 어떤 아이들에게는 더 힘들기 때문이다.

물리세계를 학습할 기회가 없었던 교육받은 사람들은 현실이 평평하고 엄격한 2차원적 정신세계인 것처럼 살아간다. 이 체계 속에서 교육을 받은 내과의사들은 진단 능력을 잃어버렸다. 이들의 진단 중 반 이상이 틀리다는 연구 결과가 있다. 이것은 의학이 학습되어야 할 자연과학이지 기억될 수 있는 정신적 추구가 아니기 때문이다. 이 체계 속에서 교육 받은 내과의사들은 3차원적 육체를 마치 평평하고 2차원적인 정신 상처럼 대한다.

정치가, 경제학자, 회사의 대표자들, 변호사, 기술자와 그 밖의 사람들이 모두 비슷한 영향을 받았다. 정치 지도자들은 조리 있는 결정을 내릴 능력이 없다. 물리세계의 지도력은 물리적 현실에 대한 지식과 이해를 요구하기 때문이다. 정치적 지도는 정신적 추구가 아니다. 경제학도 물리적 현실 속에 직접 참여해야 하는 물리적 연구이다.

자전거 타기에서 배워야 할 것들

교육자들은 부모가 아이들을 물리세계에서 살아가도록 준비해 줄 것이라고 기대한다. 그런데 문제는 교육자들이 아이들의 자원을 모두 묶어 놓았다는 데에 있다. 아이들은 아침 일찍부터 학교 갈 준비를 하고 오후 너댓 시쯤 되어야 집에 돌아온다. 아이들이 하루 종일 교실에서 참았던 긴장을 푸는 것은 저녁때가 되어서이다. 저녁식사 후에는 숙제를 하고 잠자리에 든다. 아이들이 알아야 할 물리세계에 대한 지식을 부모가 가르치기는 힘들다. 왜냐하면 아이들과 함께할 시간이 거의 없기 때문이다.

조각 정보를 기억하도록 강요받는 동안, 아이들은 자신의 독특한 흥미를 발견해 내는 기적을 영원히 경험하지 못하게 된다. 뭔가를 배울 준비가 되었을 때 아이들은 학습을 강요받을 필요가 없다. 그것은 저절로 되는 과정인 것이다. 그러나 학교에서 제공받는 조각 정보들을 기억하는 것은 강요가 필요한 과정이다. 정보를 기억한다는 것은 모든 자연법칙에 위배되기 때문이다.

아이가 자전거 타기를 배우고 싶어 할 때 그 아이는 배우게 될 것이다. 아이는 도움을 받아서 또는 스스로 타는 법을 배우게 된다. 자전거 타기를 배운 후에 얼마나 자주 자전거를 타러 가느냐는 아이에게 달렸다. 어떤 아이는 다 배운 후에 가끔 자전거를 타러 가기도 한다. 다른 아이는 매일 나가 자전거를 타기도 할 것이다. 어떤 아이들은 자전거 타기를 배운 후 훌륭한 자전거를 갖기 위해서는 잘 돌보고 정비를 해줘야 한다는 것을 발견한다. 몇몇 아이들이 빨리 달리는 것을 좋아하는 반면, 또 몇몇은 자전거로 묘기 부리기를 즐기기도 한다. 장차 자전거를 디자인하거나 자전거를 만들고 파는 일을 하는 아이들도 있을 것이다. 그러나 이 모든 기적들이 자전거 타기를 배운다는 단순한 행동과 함께 시작된다.

아이들이 자전거를 몇백 번 타 보고 배우는 것은 아니다. 자전거 타기를 몇 번이고 되풀이해서 배울 필요는 없다. 그저 단순한 지도와 몇 차례 연습으로 타는 법을 한 번 익히면 스스로 숙달되고 자신이 스스로를 안내하게 된다. 배움의 모든 측면들도 그렇게 진행된다.

읽는 법도 그렇다. 한 번 읽는 법을 알게 되면(되도록이면 그럴 준비가 된 9세나 10세 전후가 좋다), 자전거 타는 법을 배울 때와 똑같이 읽기에도 주의를 쏟으면서 똑같은 열정과 흥미를 보인다. 이 과정은 수학이나 다른 훈련에도 똑같이 적용된다. 당신이 자전거 타기 같은 기술의 기초과정을 통과한 뒤에도 몇백 번이고 그 과정을 되풀이한다면 그것은 자연법칙을 무시하는 것이다. 그리고 모든 아이들이 자전거 타기에 똑같은 관심을 가지고 있다는 잘못된 가정을 하고 있는 것이다. 이것은 아이들이 자전거 타기에서 자신만의 독특한 흥미를 발견하는 기적이 영원히 일어나지 못하게 막아 버린다.

배움? 좋지, 교육? 그건 아냐

교육과 배움의 차이

1982년 한 영국인이 존 홀트를 인터뷰하며 '교육'이
란 단어의 뜻을 묻자 홀트가 이렇게 대답했다.

"나 혼자 쓰는 단어가 아닙니다. '교육'이란 말을 많이 하잖아요. 쓰는 사
람들마다 다른 뜻으로 쓰고 있죠. 하지만 대체로, 많은 사람들이 '교육'이
라고 말할 때는 그 안에 이런 생각을 전제로 하고 있다고 생각해요. 삶의
나머지 부분과는 동떨어진 어떤 일, 다른 것은 전혀 하지 않고 오로지 거
기에만 온 힘을 기울여야 하는 일이라는 생각이지요. 다른 일은 전혀 일어
나지 않는 곳, 다시 말해 배움의 장소, 배움을 위해 일부러 만들어진 곳에
서 온 힘을 기울여야 하는 거라고 말이에요. 거기에는 또, 어떤 사람들이
다른 사람들에게 무슨 일인가를 하도록, 혹은 그들에게 이로운 일을 하도

아론 팰벌Aaron Falbel·이수영 옮김 _ 자유기고가이자 편집자이며, 철학자이자 음악가다. 아내 수재너
셰퍼와 메사추세츠 캠브리지에 산다. 이 글은 『학교 보내지 않고 키우기』(92호)라는 잡지에 실렸던 것으
로, 교육과 배움의 차이를 설득력 있게 분석했다.

록 만드는 과정이라는 생각도 들어 있어요. 그러니까 교육이란 A라는 사람이 B라는 사람에게 무언가를 한다는 뜻이에요. 아마 거의 모든 사람들이 교육을 이렇게 생각할 겁니다."

인터뷰하던 사람이 다시, 당신은 교육을 무엇이라고 생각하는지 묻자 홀트는 이렇게 대답했다.

"저는 세상과 교감하면서 우리가 더 똑똑해지고, 분별을 갖추고, 호기심을 키우고, 실력을 쌓고, 깨달음을 얻을 수 있는 과정에 대해 자주 얘기합니다. 그것이 삶의 본질적인 흐름이기 때문이죠. 다시 말해 살면서, 일하고 놀면서, 친구들과 함께 지내면서 정말 많은 걸 배우거든요. 내 삶에서 배움과 일과 놀이와 다른 것들은 나누어져 있지 않아요. 이들은 모두 하나죠. '교육'이 '삶'이 아니라면 달리 뭐라고 해야 할까요?"

나는 배움과 교육의 차이를 드러내 보라는 이반 일리치의 말을 듣고 이 글을 썼다. 그러면서 '교육'이란 말이 뜻을 밝히기 어려운 말임을 깨닫게 되었다. 내가 '배움'이란 말을 할 때, 그 뜻과 똑같은 뜻으로 '교육'을 말하는 사람도 있을 것이다. 하지만 홀트가 말했듯이 사람들은 대부분 가르치고 배우는 어떤 방법treatment을 '교육'이라 생각한다고 말하는 게 옳을 것 같다.(심지어 '독학'도 혼자 꾸려 가는 방법으로 생각한다.) 바로 이런 경우가 배움과 반대된다. 학교든 집이든 그 어디든 사람들이 방법을 필요로 한다는 생각에 나는 물음을 던지고자 한다.

나는 교육을 개혁하고 싶지 않다

'배움'과 '교육'을 거의 같은 뜻으로 쓰는 사람들이 많다. 하지만 잠깐 생각해 보면 두 단어가 전혀 같지 않음을 알 수 있다. 잠깐 시간을 내어 함께 이 문제를 생각해 보길 바란다.

배움이란 숨쉬기와 같다. 사람의 자연스러운 활동이다. 그것은 사는 과정의 일부다. 아기들이 그렇듯이, 살아 움직이고 호기심을 갖고 모든 감각을 써서 세상을 탐구하고, 힘차고 의욕적으로 삶과 맞닥뜨리는 사람은 언제나 '배우고' 있다. 배우는 능력은 숨쉬는 능력과 같아서, 뜯어고치거나 간섭할 필요가 없다. 배우는 방법과 생각하는 방법을 가르쳐야 한다는 말은 사람들을 모욕하는 전혀 말도 안 되는 소리다. 우리는 태어나면서부터 어떻게 해야 하는지 알고 있었다. 우리에게 필요한 것은 흥미롭고 쉽게 다가갈 수 있으며 이해할 수 있는 세계이며, 그 세계에서 의미 있는 역할을 할수 있는 기회를 가지는 것이다.

공기가 더러워지면 숨쉬기가 어려워진다. 기침하고 재채기가 나며 헐떡이게 된다. 이처럼, 사회 환경이 더러워지면 배우기가 어려워진다. 오늘날 사회 환경은 교육 때문에 몹시 더러워졌다. 교육이란 어떤 사람들(교육자를 비롯해 사람을 길러 내는 사람들)이 다른 사람들(교육을 받는 사람들)에게 뭔가를 가르치는 일인데, 그들(교육자들) 생각에 교육을 받는 사람에게 좋은 일이어서 동의를 구하지도 않고 가르친다. 다시 말해, 교육이란 강제로 부추기고 강요하는 배움이다. 이것이 바로 교육이 효과를 거두지 못하는 이유이고 여태까지 교육이 무익했던 까닭이다. 사람들은 아주 오래전부터 늘 여러 가지를 배우고 있는데, 교육은 생긴 지 얼마 안 되었고, 배움을 몹시 해치고 있다.

배움을 낳고 퍼뜨리려는 좋은 뜻을 가진 사람들이 하는 일이 교육인데, 배움을 무너뜨리는 결과만 낳는다는 말에는 모순이 있다. 아무리 좋은 뜻을 가지고 있더라도 지금 같은 교육 풍토 속에서 배움은 잘려 나가고 실제

생활에서 떨어져 나온다. 배움은 호기심과도 결별하여, 바탕부터 다른 것이 된다. 다른 사람들이 통제하고, 관리하고, 운영하는 과정 때문에 배움은 시들어 간다. 배움은 뇌물과 협박, 탐욕과 두려움에 눌려 의미 없는 행위가 된다. 그런 '교육'을 경험한 우리는 모두 이 말이 사실임을 안다.

꼭 학교에서 벌어지는 일만 갖고 얘기하는 것이 아니다. 오늘날 '교육'은 다양한 환경에서 다양한 모습으로 벌어지고 있다. 대중매체를 통해, 일터에서, 또 집에서 말이다. 누군가를 위해 그들을 관리해야 한다는 권리와 의무를 느낄 때 이것이 바로 '교육적' 태도다.

쉽게 얘기하자. 난 모든 형태의 가르침에 반대하지는 않는다. 배우는 사람 맘대로 골라 배우도록 돕는 일은 특권이며 기쁨이다. 단, 배우는 사람이 도와 달라고 부탁했을 때에만. 내가 반대하는 것은, 부탁한 적도 없는데 '다 널 위해서 가르쳐 주는 거야.' 하는 것이다.

'전문' 교사들에게도 문제가 있다. 자기들이 가진 지식을 모두 돈으로, 일용품으로 바꾸려는 사람들이니까. 나는 격식 없이 부탁받고 가르치는 일을 누구나 할 수 있는 일로 여기는 사회에서 살고 싶다. 물론 교사가 쓴 시간과 노력을 보상해 주어야 할 때도 분명 있다. 하지만 모유 먹이기부터 복잡한 기술까지 모든 배움의 과정을 새로운 교육 슈퍼마켓에서 (돈을 받고) 파는 건 잘못된 방향으로 나아가는 것이다. 사람들은 생활 속에서 배우는 게 교사한테 배우는 것보다 못하다고 굳게 믿게 될 것이기 때문이다. 사람들은 부모 노릇 전문가에게 '부모 교육'을 받아 가며 선생이 직접 해보이는 걸 봐야 아기에게 기저귀를 채울 수 있는 것일까? 코로 직접 냄새를 맡고, 스스로 묻고 대답하면 된다는 것을 많은 사람들이 잊어버렸다. 수년 동안 교육을 받으면서, 배움이 가르침의 결과이며, 오로지 가르침의 결과일 뿐이라고 믿게 된 것이다. 우리가 어른이 되어서도 또 아이들에게 교육을 '받으라'고 말한다. 우리는 우리 자신도, 그리고 우리 아이들까지 스스로 배우게 내버려 두지 않는다.

나는 교육을 개혁하고 싶지 않다. 내가 하고 싶은 것은 이 해로운 안개 속에서 탈출하여 똑같이 여기를 벗어나려는 사람들을 도와주고, 사회 환경을 깨끗하게 만드는 것이다. 여러분이 나와 함께하고 싶다면, 함께 발맞추어 '교육'이란 공기를 깨끗하게 하고, 배움을 권장하는 더욱 깨끗한 사회 환경을 만들어 낼 수 있다. 바로 다음 몇 단계만 거치면 된다.

교육을 배움답게 만드는 길

먼저, 교육과정에서 벗어난 사람들을 '범죄자'나 '실패자' '낙오자' 취급하는 편견부터 걷어 내야 한다. 이 사람들을, 양심에 따라 위험하고 삭막한 과정을 거부한, 지혜로운 반대자로 바라보아야 한다.

둘째로, 아이들이 잘 배운다고 생각한다면 아이들을 대하는 태도도 바꾸어야 한다. 교육자가 되라는 유혹을 거부할 줄 알며, 교사, 안내자, 지도자 노릇을 한답시고 아이들을 우리 경험 속에 가두지 말아야 한다. 특별히 묻지 않을 때는, 스스로 깨치도록 내버려 둬야 한다. (하지만 아이들은 자주 묻는다. 교육에 의해 호기심의 싹이 꺾이지 않은 어린아이들은 쉬지 않고 물음을 던진다.) 교육이 본래부터 갖고 있는 독성은, 질문이 전혀 없는데도 자꾸만 많이 가르친다는 것이다. 물어보지 않았는데도 가르쳐 주려는 습관은 버려야 한다.

셋째로, 가르치는 사람이 자격증이 없다고 해서 얕잡아 보지 말아야 한다. 교육받은 것과 가르치는 것은 아무런 관계가 없다는 연구 결과도 나와 있다. (아이바 버그Ivar Berg의 『교육 날강도The Great Training Robbery』를 보라. 비콘출판사, 1971년) 주어진 일에 대한 능력을 평가해야 한다면 되도록 직접 평가할 일이지, 얼마나 오래 학교를 다녔는지를 능력과 혼동해서는 안 된다. 교육기관에서 받은 증명서 얘기는 입 밖에 내지도 않음으로써 기관에서 하는 평가의 정당성에 의문을 던질 수도 있다. 이력서에서 졸업증명서나 성적증명서를 떼어 내자! 여러분이 다른 사람을 판단하는 방식으로, 여러분과, 여러분이 가진 참된 재능과 능력을 판단해 달라고 요구하라!

넷째로, 우리는 더욱 따뜻하고 열린 사회를 만들어야 한다. 지식과 도구가 제도에 갇혀 있거나 비밀스런 곳에 숨겨지지 않고, 서로 기꺼이 재능을 나누는 사회를. 우리 모두 자기를 알리자. 자기가 할 수 있는 일을 크게 써서 집 바깥에 붙이는 것이다. 그러면 친구들과 이웃들은 어려운 처지에 놓인 사람에게 여러분이 어떤 일을 해줄 수 있는지 모두 알게 된다.

다섯째로, 우리가 없애야 할 것은 미성년 노동이 아니라 '착취' 노동이다. 미성년 노동을 금지하는 건 어린이들이 다양하고 뜻있게 사회에 참여할 기회를 빼앗는다. 나이 차별 정책은 없어져야 한다. 아이들이 사회 속에 들어가 사회로부터 배우도록 하지 않고 사회에 '대해' 배우게 만들기 때문이다.

여섯째로, 도서관, 박물관, 극장, 이밖에 강제에 의하지 않고 자유롭게 운영하는 사회기관들을 후원해야 한다. (한 예로, 많은 도서관들이 직장에서 일해야 할 시간에만 문을 연다. 그러면 연구자금을 두둑이 받는 사람들이나 도서관을 찾을 수 있다. 도서관을 지금보다 더 많이 후원하면, 저녁시간과 휴일에도 문을 열 수 있을 것이다.) 또한 젊은이와 노인들이 (그리고 중년들도) 자유로운 활동을 함께할 수 있도록 공동체에서 배려해야 한다. 활동의 종류는 어떤 것이든 괜찮다. 미술, 공예, 운동, 음악, 취미, 토론, 모두 다 좋다. '서로를 위한다'는 명목으로 젊은이와 노인을 따로 떼어 놓는 정책은 빨리 사라져야 한다.

마지막으로, 여러분 스스로 더 많은 생각을 해내야 한다! 사회가 몇 세대에 걸쳐 교육에 중독되어 온 것처럼, 우리도 교육기관 없는 세상에서 자라며 살아간다는 게 어떤 건지 상상할 능력을 잃어버렸다.

학교는 DNA에 프로그래밍되어 있지 않다

아이들은 이 세상에 태어나자마자 엄마 젖을 빨아먹는다. 젖을 어떻게 먹는지 확실히 알고 있다. 그리고 나서는 무슨 조화인지 네 발로 기어 다니다가 두 다리로 걷기까지 한다. 게다가 어느 순간부터는 말을 하기 시작한다. 누군가가 시간표를 만들고 교과서를 보면서 가르친 것도 아닌데 말이다.

아이들은 뭐든지 알고 싶어 하고 하고 싶어 해서 물컵을 엎기도 하고 깨트리기도 한다. 장난감을 부순 건 몇 번인지 헤아리기도 힘들다. 아무튼 어른들 생각은 조금도 하지 않고 제멋대로 해서 어른들을 당황하게 만들고, 그래서 수없이 혼이 나기도 한다. 그렇게 혼이 나도 아이들은 호기심과 뭔가 하고 싶어 하는 욕구를 누그러뜨리지 않는다. 어떤 것도 이를 막

히사카이 도미코久貝 葰美子·김경옥 옮김 _ 오사카 남부의 히메지에서 홈스쿨링을 하면서 '홈스쿨링 네트워크 히메지(HSN 히메지)'라는 단체를 만들기도 했다. 이 글은 옮긴이가 2002년 일본 프리스쿨 전국 모임에 갔을 때 만나서 받은 글이다. 딸아이와 함께 참가한 글쓴이의 모습이 참 보기 좋았다고 한다.

을 수가 없다. 실패도 별 장애물이 되지 않는다. 엎어지고 넘어져도 언제 그랬나 싶게 다시 일어나서 도전한다. 그러다 어느새 자연스럽게 여러 가지를 할 수 있게 된다. 그건 너무 당연한 일이라 아무도 의심하거나 문제 삼지 않는다.

우리 집 아이는 학교에 가지 않고 집에서 배우고 자랐다. 말하자면 홈스쿨링으로 의무교육 기간 9년을 보냈다. 지금은 아이가 선택해서 통신고등학교에 들어가 2년째 학교생활을 하고 있다.

내가 홈스쿨링을 생각하게 된 것은 존 홀트가 쓴 『당신 스스로 가르쳐라Teach Your Own』라는 책을 읽고서이다.

"아이들은 원래부터 호기심이 왕성한데다 배우려고 하는 의욕으로 가득한 존재다. 그런데 학교에 가서는 선생님한테 꾸중 듣지 않으려면 어떻게 해야 하지 같은 아무짝에도 쓸모없는 것들에 에너지를 소모한다."

아이들의 배우고 싶어 하는 의욕이 학교교육 안에서 얼마나 약해지는지 홀트가 아주 분명하게 밝혀 주는 느낌이 들었다. 어른들이 쓸데없이 방해만 하지 않는다면 아이들은 흥미에 따라 자기에게 필요한 배움의 내용들을 넓혀 가면서 기술이나 지식을 자기 것으로 만들어 갈 것이다. 살아가기 위한 지혜도 되고 힘도 되는 진짜 공부를 할 것이다.

딸이 네 살 정도 되었을 때 일이다. 아이는 칼로 '자르는' 일에 흥미를 가졌다. 그러다 보니 내가 부엌에서 요리를 하고 있으면 꼭 다가와서 뭐든 자르게 해달라고 졸랐다. 이 시기의 아이들은 뭐든지 알려고 들고 하고 싶어 한다는 걸 명심하고 있던 터라 위험하지 않도록 바나나 같은 것부터 잘라 보게 했다. 무장아찌도 잘라 보고, 두부나 파도 썰어 봤다. 이것저것 잘라 보고 어느 정도 능숙하게 칼을 쓸 수 있게 되자 이미 '자르는 일'에는 흥미를 잃었다. 그러고 나서는 내가 요리를 하고 있어도 가까이 오거나 뭘 자르게 해달라고 조르는 일이 없어졌다. 그러다 어느 날 또 무언가를 하고 싶다면서 나를 찾는다.

글자를 기억하기 시작한 것도 아이가 뭔가를 쓰고 싶어 했기 때문이다. 세 살 무렵 아이는 제 딴에는 편지를 쓰는 모양이었다. 글자와 비슷하게 생긴 것을 같은 크기로 나란히 그려서는 공책 가득히 몇 장이고 적어 갔다. 얼마쯤 지나자 어느새 그것은 글자 모양을 하고 있었다. 여섯 살이 되자 조금씩 엉터리 글자가 섞여 있기는 했지만 오십 음의 가나(일본 글자)를 전부 쓰더니 친구에게 진짜 편지를 쓰기도 했다. 부모가 유도해서 억지로 가르친 일은 조금도 없었다. 아이는 그림책을 읽기도 하고 부모가 글을 쓰고 있는 모습을 보면서 흥미를 느끼고 스스로의 힘으로 도전해서 글자를 자기 것으로 만들었다.

만으로 여섯 살이 되면 일본 아이들은 의무적으로 학교에 들어가야 한다. 우리는 아이한테 진지하게 물었고 아이는 자기 나름의 판단으로 학교에 가고 싶다고 의사를 밝혀서 초등학교에 입학했다.

그런데 '학교에 다닌다'는 사실은 과연 어떤 것일까? 학교에는 '시간표'라는 게 있고, '교사가 공부를 가르쳐 준다'는 게 기본 원칙이다. 지금까지 아이는 자기가 알고 싶거나 하고 싶은 것이 있으면 지기 힘으로 배워서 할 수 있었다. 그런데 학교에 다니기 시작한 순간 아이가 배워야만 하는 것은 아이가 알고 싶어 하는 것이 아니라 '지도 요령'에서 정해 놓은 것들이었다. 그렇다고 아이가 가진 본래의 힘을 잃지는 않았다. 하지만 학교에서는 아이가 '하고 싶지 않은 것'은 '할 수 없는 것, 하지만 결국은 할 수 있어야 하는 것'으로 규정하고 있었다. 그것도 학교가 정한 속도로.

이런 일들이 아이 자존심에 큰 상처를 주었음에 틀림없다. 게다가 학교에서는 끊임없이 다른 아이들과 경쟁하고 비교하게 만든다. 필요도 없는 우월감과 열등감이 이렇게 해서 싹을 틔우게 된다. 아이는 처음에는 이런 새로운 문화에 당황하면서도 새로운 친구들과 만나는 일을 즐기며 학교생활에 열심히 도전해 갔다.

아이가 다니던 학교의 교장은 "아이들은 참는 것도 배워야 하기 때문에 좋아하는 것만 하게 해서는 안 됩니다." 하고 엄숙하게 말했다. 그렇다. 학교교육의 기본은 아이들에게 억지로 참게 하는 것이다. 그들은 아이들이 잘 참고 견디는 것을 많이 겪어서 그것이 몸에 배면 밸수록 사회에 필요한 사람으로 성장하는 거라고 굳게 믿고 있다. 하지만 강제로 참는 것은 고문과 다를 바 없다.

학교가 군대와 닮았다고 하는 것도 바로 이 때문이다. 학교나 군대에서 말 잘 들었던, 그렇게 억지로 잘 참는 사람들은 권력을 가진 사람이나 자기보다 강한 자에게는 서슴없이 순종한다. 그렇게 해서 쌓인 스트레스는 자기보다 약한 자에게 푼다. 우리 사회에 만연한 이기적인 인간관계가 이렇게 해서 자꾸 재생산되는 거라고 생각한다. 누구든 좋아하거나 필요하다고 생각하는 일은 힘들어도 스스로 참고 또 참아 어려움을 이겨낸다.

동반자가 주는 든든함

아이는 3학년 2학기가 시작되기 전에 "나, 집에서 공부할래." 하고 선언했다. 학교에는 가정에서 모든 책임을 지겠다고 말하고, 그 뒤로는 한 번도 학교에 가지 않고 초·중학교 졸업을 인정받았다.

홈스쿨링을 하면서 우리가 삼은 원칙은 아이가 하고 싶다고 말하면 할 수 있도록 도와준다는 것이었다. 일주일에 한 번은 도서관에 갔다. 미술관이나 박물관, 과학관도 자주 드나들었다. 오전에 학교에 가지 않고 학교 밖을 떠도는 우리 아이를 흘깃흘깃 보는 이들이 있어 좀 신경이 쓰이기도 했지만 널려 있는 배울거리들이 그런 것을 넘어설 수 있게 해주었다.

그리고 '홈스쿨링 네트워크 히메지'라는 모임을 만들었다. 모임에서 여는 캠프에 참가하기도 하고 마찬가지로 홈스쿨링 하는 집에 놀러 가서 어울리기도 했다. 물론 우리 집에서도 놀러온 아이들이 뒹굴거리면서 만화책을 보기도 했다. 서로 다른 집에 가서 잠을 자기도 했다. 히메지 말고 다른 지역 홈스쿨링 모임과 만나거나 정보를 교환하기도 했다. 아이나 나는 이렇게 해서 만나는 친구들이 점점 늘었다.

'홈스쿨링 네트워크 히메지'는 1993년부터 모이기 시작했다. 사람들은 수시로 들고나 지금 현재 달마다 내는 소식지를 받아 보는 이는 백 명쯤 된다. 일상적으로 활발하게 교류하는 가족은 많을 때는 열 가족, 적을 때는 다섯 가족 정도다. 우리 네트워크에서는 각 가정이나 부모들이 가지고 있는 자원을 서로 주고받는 것을 중요한 일감으로 생각한다. 아이들을 도와서 컴퓨터 클럽, 어린이 영어회화반, 요리나 수예 클럽 같은 모임들을 만들어서 만나곤 한다. 또 주말, 계절 학교를 기획해서 열기도 한다. 어른의 힘을 빌리지 않고 아이들끼리 서로 가진 것을 나누며 배우고 가르치기도 한다. 이렇게 네트워크를 통해 아이들은 만나기도 하고 배움의 기회를 넓혀갈 수 있었다.

물론 부모들도 아이들 덕분에 비슷한 색깔의 사람들을 만나서 즐기기도 하고 새로운 배움의 경험을 갖기도 한다. 각 가정이 저마다의 생활 리듬이나 스타일을 소중하게 지켜 내면서 서로를 존중하는 마음으로 따뜻하게 연대하고 홈스쿨링을 지원한다. 홈스쿨링을 하는 이가 아직도 소수인 현실에서, 아이들은 학교에 가지 않으면 안 된다고 고집하는 사람들 속에서 서로의 존재 자체가 커다란 힘으로 작용하고 있음을 절감한다. 특히 히메지라는 작은 도시에서 '특별한' 삶은 자칫 이상한 행동으로 취급당하기도 쉽고, 기운 빠지게 하는 일도 숱하게 있다. 이럴 때 서로 힘을 북돋아 주면서 지치지 않고 길을 가도록 도와주는 네트워크는 무엇보다 든든한 동반자 노릇을 한다.

배움은 성숙의 과정

생활에 필요한 것은 생활 속에서 모두 배웠다. 단지 산수는 아이가 열 살 무렵 셈을 하고 싶어 해서 같이 책방에 가서 교재를 골라 공부했다. 혼자서 고개를 갸우뚱거리며 풀다가 모르는 걸 물어 오면 가르쳐 주었다. 제 힘에 부치는 게 있을 때는 역시 다른 가족의 힘을 빌려 해결했다. 영어회화를 배우고 싶다고 했을 때는 몇 명이 모여 테이프가 딸린 교재로 모둠학습을 하기도 했다. 어느 정도 공부가 된 뒤에는 NHK 라디오 영어회화 방송을 들으면서 혼자 회화공부를 하기도 했다. 또 아이는 요리하는 걸 좋아해서 지금도 여유가 있으면 과자를 굽기도 하고, 내가 바쁘다거나 몸이 좋지 않으면 밥상을 차리기도 한다.

홈스쿨링을 하면 사회성이 떨어지지 않느냐는 질문을 자주 받지만 딸아이의 경험으로 미루어 볼 때 전혀 문제가 되지 않는다. 홈스쿨링이라고 집에만 갇혀 있는 건 아니니까. 오히려 다양한 모습으로 살아가는 어른들과 나이가 다른 아이들과도 자연스럽게 어울린다. 사회성이나 예절이란 걸 익히기 위해서도 학교는 무엇보다 부자연스러운 곳이다. 같은 나이의 아이들만 모여 있고, 만날 수 있는 어른이라고 해야 교사밖에 없는 공간은 현실 사회에서 학교 말고는 없다. 학교에서는 주위 친구들과 같은 걸 해야만 마음이 편하도록 훈련받는다. 또 무엇을 하든 규칙에 따라 움직여야만 하므로 스스로 판단해서 행동하기가 어렵다. 아이들한테는 부모를 비롯해서 공감할 수 있는 어른과 함께 있는 시간이 매우 소중하다. 어른들의 일상적인 모습을 보면서 아이들은 배워 가기 때문이다.

사회성 문제와 함께 학력 사회 속에서 장래에 대한 불안은 없느냐는 질문도 자주 받는다. 하지만 그 불안감은 학교에 가도 마찬가지이다. '떼거리가 많으니, 실패하든 불행해지든 뭔 수가 나겠지.' 하고 자위하고 있을 뿐, 실제로 불안하지 않거나 두렵지 않은 건 아니다. 만약에 학력이 필요하다면 본인이 하기에 따라 얼마든지 딸 수 있다. 일본은 의무교육 기간 중에는 학교를 나오지 않아도 그냥 졸업장을 주기도 하고, 고등학교 경우는 대입 검정고시를 보면 대학 공부도 가능하다.

그 무엇보다 홈스쿨링을 하면 자기가 하고 싶고 잘할 수 있는 게 뭔지 천천히 생각하고 판단할 여유를 갖게 되므로 자기 길을 확실히 알아서 찾아가기 쉽다고 생각한다. 오히려 학교에 있는 것보다 불안하지 않고, 아이의 판단에 맡기기에 안심하고 지낼 수 있다. 우리 집 아이를 포함해서 홈스쿨링으로 자란 아이들을 보면 자립심이 강해서(이 아이들만 그렇게 태어난 것은 아닐 텐데 말이다.) 별로 걱정하지 않는다.

현재 일본에서는 30일 이상 학교를 결석하면 부등교생으로 분류한다. 부등교생이라는 딱지가 붙은 아이들 수가 지난 십 년 동안 두 배 가까이 늘어 13만 명이나 된다고 문부과학성에서 발표했다.(편집자 주 _ 2010년 현재 일본의 부등교생 수는 18만 명에 이른다.) 늘어나기만 하는 '부등교, 등교거부'

에 대해 말들이 많지만, 대부분이 '학교를 살려야 한다' '아이들 성장과정의 문제점을 다시 점검해야 한다'는 것으로 의견이 모아졌다. 학교가 아니라 아이들이나 가정에서 문제를 찾는 식이다.

하지만 아이들에게 정말로 필요한 것은 '배움이 선택'이라는 사실을 인정하는 거라고 생각한다. 모든 생명은 '탄생-성숙-죽음'이라는 과정을 밟아가도록 자연이라는 거대한 힘에 의해 프로그래밍되어 있다. 아이들은 성숙하고자, 곧 어른이 되고 싶어서 배운다. '배움'은 어디까지나 아이들이 성장해 가는 자연스런 과정, 그 자체임을 잊어서는 안 된다.

부

우리가 착각하는 것

지나침은 모자람만 못하다

책 선물이 반갑지 않은 아이

"지환아, 책 선물 가져왔다!"

조카는 한번 돌아본 뒤 그저 피식 웃고 만다. 현관문을 열고 들어서면서 선물이라는 말에 와락 달려들 아이를 상상했건만 초등학교 2학년인 조카는 대충 다 안다는 투로 눈길 한번 주고는 다시 모니터를 들여다본다.

"새로 나온 책이야. 재밌어 보이지?"

시큰둥한 반응에 은근히 속이 타서 곁에 다가가 설명하기 시작했다.

"그림도 굉장히 멋있고 이야기도 아주 재밌어. 벌써 읽어 봤어?"

책을 펴서 아예 아이 코앞에 들이밀었다. 이 정도면 안 보고는 못 배기지. 이건 선물이 아니라 강요다 강요. 그런데….

"이모, 거기다 둬. 조금 있다 읽을게."

돌아보지도 않은 채 여전히 컴퓨터 게임에 빠져 있다.

박경화 _ 환경 현장을 누비면서 얻은 생태감수성을 바탕으로 『고릴라는 핸드폰을 미워해』, 『여우와 토종 씨의 행방불명』 등을 출간하며 생태 환경 분야의 전문 작가로 활동하고 있다.

'엥, 이게 뭐람?'

관심을 끌어내려고 조르다시피 애를 쓰다가 맥이 탁 풀렸다. 이 책이 과연 어떤 책인가. 수많은 책을 펼쳐 보면서 아이에게 어떤 영향을 미치게 될지 며칠을 생각하고 또 생각해서 골라 온 책이 아니던가? 책을 쓴 작가는 생각하고 또 생각하며 글을 썼을 것이고, 일러스트 작가는 도화지를 들여다보며 몇 날을 고심했을 테고, 책 꼴을 만드는 출판사 사람들은 한 송이 국화를 피우기 위해 소쩍새가 울듯 또 얼마나 많은 날을 애태웠을 것인가? 아, 속상하다. 무심한 조카야. 이모 맘 좀 알아 다오.

어렸을 적부터 아이가 이렇게 시큰둥한 성격은 아니었다. 조카가 다섯 살 무렵, 색깔 배우기 놀이를 했다. 혼자 노는 것보다 같이 놀고 같이 읽고, 같이 뒹굴며 힘겨루기를 좋아하는 아이라서 놀이 겸 공부도 늘 이렇게 함께하곤 했다. 내가 크레용을 가리키면 조카가 색깔을 말하는 놀이였다. 빨강, 노랑, 검정, 하양 같은 강렬한 색깔만 알았을 뿐 아직 중간색을 익히지 못했던 조카에게 오늘은 분홍, 연두, 주황 같은 다양한 색의 세계를 안내해 줄 참이었다. 고동색을 가리켰다. 역시나 조카는 모른다는 듯 그 귀여운 고개를 갸웃거렸다.

"나무껍질에서 봤지? 장롱이랑 식탁도 이런 색이잖아. 이 색은 고동이야, 고동색."

"응, 고동쌕."

발음이 아직 정확하지 않았던 아이는 '색'이라는 말을 '쌕'이라며 겨우 흉내 냈다. 으이구! 귀여운 놈. 볼수록 황홀하네. 다음은 연주황색, 몇 년 전까지 인권 차별 논란을 일으키며 살색이라고 불렸던 연주황색 크레용을 가리켰다. 그러자 생각이 날 듯 말 듯, 대답을 할 듯 말 듯 머뭇거렸다.

"이건 무슨 색일까? 어디서 본 것 같지 않니?"

아이가 쉽게 상상할 수 있도록 설명을 덧붙였다. 그렇게 잠시 갸우뚱거리던 아이는 뭔가 생각난 듯 갑자기 벌떡 일어섰다. 그리고 제 발바닥을 뒤집어 보이며 하는 말,

"어제 내 발바닥 쌕~깔!"

"와아, 천재다 천재!"

연주황색을 보고 발그레한 제 발바닥 빛깔을 떠올리다니…. 아이의 놀라운 색깔 감각에 감탄한 나머지 나는 입을 다물지 못하고 감탄사만 되풀이했다. '오늘'이 아닌 '어제' 제 발바닥 빛깔을 생각해 내다니. 부모들이 아이가 크는 걸 지켜보면서 '혹시 우리 아이가 천재가 아닐까?' 착각한다는 말은 들었지만 조카를 보면서 내가 이런 말을 하게 될 줄이야.

가끔 이렇게 어른들을 놀라게 하고 감탄하게 만들었던 아이는 초등학교에 들어가자 이내 얌전해졌다. 숙제하랴, 학원 다니랴, 학습지 하랴 분주했다. 그래서 형의 공부가 궁금한 나머지 무조건 달려들어 떼쓰고 보는 동생이랑 놀아줄 틈도 없다. 그래, 책은 마음의 양식이라고 했지. 집과 학교, 학원을 쳇바퀴 돌듯 맴도는 이 가련한 도시 아이에게 좋은 책을 읽게 해주리라. 간접경험, 아주 중요하지. 그래서 자꾸만 어린이 책으로 발길이 머물렀다. 더구나 세상에 하나밖에 없는 이 이모는 책 만드는 일을 하고 있질 않나.

"이 책은 저번 책이랑 비슷해. 재미없어."

고심 고심해서 골라 가도 이 무심한 조카는 이모의 마음을 흐뭇하게 하는 한마디를 안 해준다. 늘 대충 다 안다는 표정이다. 오늘도 관심 끌기는 실패했군.

그때 초인종을 누르며 한 아주머니가 들어오셨다. 작은 가방 하나를 내려놓고는 이번 달치 돈을 달란다. 동화책 대여업체 직원이었다. 가방 속에는 동화책이 세 권 들어 있었다. 학교 공부다, 논술 준비다 하면서 책은 많이 읽혀야겠는데 부모가 그걸 다 사줄 수는 없고 대여업체에서 일주일에 서너 권씩 빌려 읽고 있단다. 다 읽은 책을 가방에 넣어 두면 정해진 요일마다 직원이 찾아와 지난주 가방은 가져가고 새 가방을 두고 간단다. 그래서 직원이 오기 전에 아이는 무조건 책을 다 읽어야 한다. 돈이 아깝기 때문이다.

"엄마, 이 책 읽은 것 같애."

한번은 가방이 바뀌었는지 이미 읽은 책이 다시 온 적도 있었다. 아이는 너무 많은 책을 읽다 보니 '읽었다'가 아니라 '읽은 것 같애'라고 했다. 속이 탄 엄마가 대여업체 직원에게 좀 주의해 달라고 하니 회원으로 등록한 다른 집 아이에게도 가방이 돌기 때문에 가끔 실수가 있으니 너그러이 이해해 달란다. 아이에게 너무 무리하게 읽히는 걸까 싶다가도 엄마는 이내 다른 아이도 한다는데, 다른 건 못해 줘도 이 정도는 해줘야 하지 않을까 하는 묘한 경쟁심과 불안감을 떨칠 수 없노라고 했다. 덕분에 아이는 '읽고 싶은 책'이 아니라 '읽어야만 하는 책'을 펼칠 수밖에 없게 되었다.

학습지 교사를 그만둔 까닭

몇 년 전 잠시 학습지 교사 노릇을 한 적이 있다. 대학을 졸업하고 시골집에서 농사도 지으며 할 수 있는 일이 뭘까 하다가 선택한 직업이었는데, 말이 좋아 교사고 선생이지, 차라리 영업사원이라고 하는 게 더 솔직한 말이었다. 아이 교육이라는 명목으로 집집마다 초인종을 누르지만 사실은 교육을 고민하는 엄마들의 마음을 휘어잡아 학습지 과목을 더 늘리고, 동생도 하게 하고, 옆집 아이도 가입시켜 한 아파트 단지를 우리 학습지 회사에서 휘어잡는 게 목표였다. 그래서 주마다 전단지를 한 묶음씩 들고서 대문마다 현관문마다 끼워 넣고 붙여 놓고, 지나치는 엄마들에게 쥐여 주어야 했다. 그것도 모자라면 연필이며 책받침, 수첩, 달력 같은 선물 공세를 펼친다. 아이나 어른이나 공짜 선물에 무덤덤한 사람 누가 있으랴.

꼭 필요한 사람에게 학습지를 권하는 게 아니라 무차별 물량 공세를 한다는 것이 내내 마뜩잖았다. 형편 좋은 집 아이에게 필요하지도 않은 학용품을 선물이랍시고 쥐여 주느니 차라리 그것조차 사기 어려운 가난한 아이들에게 쥐여 주고 싶었다. 한편으로는 저 아까운 종이, 반질반질한 고급 전단지가 아파트 현관이며 복도에 함부로 버려진 것을 보면 미안한 마음을 떨쳐 버릴 수 없었다. 그래도 사무실에 돌아가면 홍보를 더 해야 한다며 다른 도시의 모범사례까지 들어 가면서 교사들을 다그쳤다. 그것보다 더 내 마음을 힘들게 하는 것은 아이들이었다.

고급 가구가 깔끔하게 정리된 지혜네 집은 항상 목요일 저녁 7시 정각에 맞춰 초인종을 눌러야 했다. 그 시간이 되어야 아이가 집에 돌아와 있기 때문이다. 초등학교 5학년인 지혜는 무척 바쁜 아이였다. 학교수업을 마치자마자 피아노학원에 갔다가 암산과 주산학원을 들러야 한다. 일주일에 이틀은 무용학원에서 발레까지 하고 7시가 되어야 지친 몸을 이끌고 집으로 돌아왔다. 그리고 7시부터 학습지 교사인 내가 인사를 하고 안부를 물으며 요란하게 들어선다. 십여 분 정도 수학과 국어 학습지를 공부하고 선생님이 돌아가면 저녁을 대충 먹는다. 그게 끝이 아니다. 8시부터 다시 바이

올린 교습이 있다. 아파트 아이 서너 명이 모여 유명 대학을 나온 강사에게 레슨을 받는다. 꽃무늬 원피스를 즐겨 입는 우아한 지혜 엄마는 아이의 건강을 걱정하면서도 저녁 10시를 훌쩍 넘기고서야 돌아오는 아이의 바쁜 일정을 자랑스레 늘어놓으셨다. 중학생인 오빠가 전교 수석을 하는 수재인 데다 아버지는 기업체 임원이라 지혜에게 거는 기대도 크다고 하셨다.

얼굴이 곱상하고 눈빛이 맑은 지혜는 무척 영리한 아이였다. 조금만 설명해도 금방 이해하고 답을 써 내려갔다. 아이 방에는 큰 책장에 동화책 전집이 가득 꽂혀 있었다. 엄마가 사 주신 책인데 학원 때문에 너무 바빠 제대로 읽지는 못한다고 했다. 언제라도 읽을 수 있으니 더 손이 안 가는 모양이었다. 내가 어렸을 적 이렇게 많은 책이 있었다면 얼마나 신났을까, 아이 방을 들어설 때마다 내심 부러움이 솟아났다. 그런데 지혜는 늘 지쳐 있었다. 책을 펴 놓고 마주 앉는 시간이 길어야 20분, 일주일 동안 공부한 내용을 확인하는 정도로만 그치는 그 짧은 시간에도 순간순간 다른 생각에 빠졌다. 몸이 지쳐 그런지 늘 기운이 없고 목소리도 기어들어 갔다. 몹시 힘들어 보이는 날은 학습지를 접고 아예 그림 그리거나 종이접기를 하자고 해도 시큰둥했다.

가끔 낯을 심하게 가려서 학습지 교사들을 곤란하게 하는 아이도 있지만 부모와 교사가 힘을 합쳐 분위기를 띄우고 몇 달 지나 얼굴이 좀 익으면 어떤 아이라도 친해지곤 했다. 그러나 일 년이 다 되도록 지혜의 태도는 달라지지 않았다. 늘 지쳐 있는 아이를 바라보는 것은 정말 어렵고도 힘들었다. 차라리 일주일치 학습지 공부를 한 장도 하지 않고, 아예 교재를 잃어버리고도 호탕하게 웃어 버리는 아이가 속 편할 지경이었다.

집집마다 아이의 나이가 다르고 형편이 다르고 부모의 성격 또한 달랐지만 풍경은 비슷했다. 아이 방 책장에는 옆집 아줌마의 입김 때문에 마음 급하게 사들인 동화책 전집이 즐비하게 꽂혀 있고, 거실 탁자 위에는 이런 학습법이 좋다, 저 학원 실력이 더 뛰어나다는 홍보물들이 널브러져 있었다. 아이는 학교와 학원을 쫓아다니기 바빠서 놀지 못한다고 시큰둥하거나 아예 줄행랑쳐 버리고, 그런 아이를 책상에 붙잡아 놓느라 부모 역시 단단히 화가 나 있었다. 어떤 날은 초인종을 누르려는 순간, 아이와 부모의 다투는 소리가 너무 심각해서 현관문으로 학습지만 밀어 넣은 채 조용히 돌아서기도 했다. 허탈하게 계단을 내려서는데 이런 생각이 들었다.

'세상에 꼭 필요한 일도 많은데 나는 왜 하필 서로에게 부담만 주는 이런 일을 하고 있을까? 가뜩이나 바쁜 아이들에게 또 학습지를 하라고 다그치는 것이 정말 교육이라고 할 수 있을까?'

이런 고민이 가을날 감홍시 익듯 무르익을 무렵 사직서를 냈다. 그리고 더도 덜도 말고 딱 일 년 했던 학습지 교사 노릇을 되도록 말하고 싶지 않은 이력으로 가슴에 묻어 두었다.

어린 시절의 소중한 책 한 권

어릴 적 우리 집에는 책 한 권이 있었다. 경주의 어느 호텔에 취직한 오촌 아재(아저씨의 경상도 사투리)가 보내 준 경주 관광 안내 책자였다. 말이 관광 안내 책이지 신라와 통일신라 시대를 아우르는 경주 유적과 설화를 우리말과 영어로 자세하게 풀어 놓은 아주 훌륭한 역사 책이었다. 그 당시만 해도 구경하기 어려웠던 반들반들한 종이에 컬러 인쇄가 된 그 책은 초등학생인 내가 두 손으로 들기에도 묵직할 만큼 두꺼웠다. 형제들 교과서나 아버지가 읽으셨던 한문 책 몇 권 말고는 번변한 동화책 한 권 없었던 우리 집에 보물이 들어온 것이다.

처음 며칠 동안은 장롱 위에 얹어 놓고 잘 모셔 두었다. 그러나 어른들이 밭으로 일하러 나간 어느 날, 이불과 베개를 쌓아 놓고 그 위에 한 놈이 엎드리고 그 등짝을 딛고 까치발을 한 형제들의 공동작전으로 책이 방바닥으로 떨어졌다. 그리고 머리를 맞대고 어깨를 서로 밀치며 책장을 넘겼다. 한 번도 가보지 못한 불국사와 다보탑 사진을 보며 연신 감탄했다. 책을 읽다가 김칫국물이라도 흘릴라 치면 일제히 가자미눈을 뜨고는 노려보았다. 이 귀한 책에다 감히…. 그렇게 우리는 에밀레종을 만나고 토함산 석굴암을 만났다. 책 가장자리가 닳고 한 장 한 장 뜯어지도록 넘기고 또 넘기며, 경주와 신라 문화를 눈으로 익히고 글로 읽었다.

몇 년이 흘러 어느새 책은 다 떨어져서 일부는 아궁이 불쏘시개로, 보드라운 부분은 변소 뒤지로, 뻣뻣한 부분은 동생 딱지감으로 사라졌을 무렵 나는 중학생이 되었다. 그리고 국사 시간에 신라와 통일신라 시대를 배웠다. 그런데 마치 내가 그 시절을 살았던 사람처럼 생생하게 다가왔다. 수학여행 때 잠깐 경주를 지나쳤던 기억이 전부였건만 첨성대와 석빙고의 신비, 아사달과 아사녀의 애절한 사연, 박혁거세와 김알지의 건국신화, 김유신과 김춘추의 우정까지 생생했다. 만약 전생이 있다면 나는 신라 시대 서라벌 어느 집에서 살고 있지 않았을까 하는 상상에 빠져들곤 했다. 그리고 언제라도 경주에 가면 왕관을 쓴 여왕과 탑돌이를 하는 여인들, 석탑을 다듬고 있는 도공들이 살고 있을 것만 같았다. 흔하디흔한 책이 아니라 딱 한 권, 읽고 또 읽을 만큼 흥미로운 책 한 권이 준 감동은 그렇게 시간과 공간을 넘어서고 있었다.

학습지 교사를 그만두고 새로운 일자리를 찾으면서 내 인생의 직업 선택 기준을 세웠다.

'하고 싶은 일을 하자, 가장 즐겁고, 간절하게 하고 싶은 일을 하자. 그리고 사회에 꼭 필요한 직업을 찾자.'

세상에 참 많은 직업 중에 남을 괴롭히는 일이나 피해를 주는 일, 모두들 찡그리거나 피하는 일을 하면서 산다는 건 얼마나 불행한 일인가? '보수가 두둑한 식장이나 남들에게 자랑스레 떠벌릴 수 있는 직업을 가지면 어떨까.' 가끔 이런 타협하는 마음이 솟아날 때마다 내 직업 선택 기준을 떠올렸다.

직업 선택과 책 읽기는 무척 닮았다. 수많은 직업 가운데 딱 하나, 즐겁고 의미 있는 일이 내 인생을 풍요롭게 하듯 수많은 책 가운데 마음을 흔드는 책, 인생의 길을 열어 주는 소중한 책을 어떻게 만날 수 있을까? 어쨌든 도움이 되겠지, 많을수록 좋을 거야 하며 전집으로 사들여 책장을 가득 채운 책은 도리어 아이의 흥미를 떨어뜨리지 않을까? 그저 흔하고 흔해서 귀한 줄을 모르게 되는 것이다. 언젠가는 읽어야만 하는 의무감만이 마음을 누를 뿐이다. 지나친 것은 모자람만 못한 법이다.

책 만드는 일을 하면서 나는 이 책의 이야기가 누군가의 가슴에 차곡차곡 쌓이길, 어느 고요한 밤, 한 사람의 인생을 돌아보게 하고, 때로는 인생을 바꾸는 데 힘이 되는 책이 되기를 바란다. 아름드리 나무가 쓰러져 하늘하늘 얇은 종이가 되고, 그 속에 이야기를 담아 묶은 책은 세월의 시련을 이겨낸 한 그루 나무의 영혼을 훌쩍 넘어서는 힘을 보여 준다. 우리 조카 지환이에게도 그런 잊혀지지 않는 책이 있을까? 단발머리 나풀대는 숙녀가 되었을 지혜에게도 인생을 바꿔 놓은 귀한 책이 있을까?

상賞이 아이들을 망친다

지금은 잠시 쉬고 있지만 얼마 전까지 주말을 이용하여 수원에서 아이들과 함께 다양한 미술 활동을 하는 '반딧불이 학교'를 꾸렸다. 이 학교는 아주대 평생교육원에서 아동미술을 공부한 엄마들이 지도강사와 함께 힘을 모아 만든 실험학교였다. 아이들이 있고 배우고자 하는 뜻이 있어 학교라 이름 붙였을 뿐 정해진 장소나 건물도 없었고, 아이들이 발을 딛고 엉덩이 붙여 수업을 할 수 있으면 바로 그곳이 학교가 되는 '유령' 학교였다.

아이들에게 좀더 생생하고 다양한 경험을 주기 위해 현장을 직접 찾아다니며 수업을 했기에, 한 달에 세 번밖에 하지 않았지만 때마다 수업 장소는 늘 바뀌었다. 반딧불이 학교에서 했던 수업 중 '수원성 프로젝트'가 있었다. 아이들이 수원성을 단지 지식으로만 알기보다는 다양한 시각과 감성으로 이해하고 또 어린 시절 기억될 추억거리로 남아 있기를 바라며 삼

김정숙 _ 화가이자 아동미술을 연구하는 사람으로서 학부모, 교사 교육에도 많은 관심을 갖고 다양한 활동을 하고 있다.

년 동안 달마다 한 번씩 토요일 오후에 그곳에서 만났다.

이 수업은 수원성에서도 백미라 할 만큼 풍경이 아름답고 정취가 있는 '방화수류정'에서 시작되었다. 이곳은 시간이 지나면서 변하긴 하지만 눈에 띄게 변하지 않아 늘 한결같은 모습으로 느껴졌다. 그러나 연못을 끼고 있어서 계절에 따라, 그날의 날씨와 보는 사람의 기분에 따라 전혀 다른 분위기로 느껴질 만큼 주변의 영향을 많이 받았다. 아이들은 처음부터 방화수류정을 그리지 않고 주변에 무엇이 있는지, 주변이 어떻게 변화하는지를 직접 찾아다니며 관찰부터 했다.

이 글은 반딧불이 학교를 소개하기 위해 쓰는 것이 아니다. 방화수류정에서 미술 수업을 하기로 한 날 우연히 수원에 있는 중고등학교 학생들이 참여하는 미술 실기 대회를 관람하게 되었는데, 그 모습이 너무 좋지 않아 미술교육을 연구하는 사람으로서 진정 미술 대회의 목적이 무엇인지를 다시금 생각하게 되었다.

어른 그림을 그리는 아이들

토요일 오후였다. 한 시간 먼저 도착하여 천천히 주위를 둘러보며 올라가는데, 전에는 별로 보이지 않던 교복 입은 학생들이 많이 보였다. 가까이 가서 보니 삼삼오오 짝을 지어 그림을 그리고 있었다. 바닥에 주저앉아 그리는 학생들, 이젤 위에 화판을 올려놓고 그리는 학생들, 방화수류정은 그야말로 그림 그리는 학생들로 꽉 차 있었다.

수채화 물감으로 풍경을 그리는 학생들이 제일 많았고, 이따금씩 수묵화나 고무판을 이용하여 판화 찍는 학생들도 있었다. 이러한 모습은 미술 대회가 예전보다 재료의 폭이 넓어졌음을 보여 주는 것이어서 다행이라 생각했다. 그러나 이날 미술 대회를 지켜보면서, 미술 대회가 재료만 다양해졌을 뿐 사고 체계는 조금도 달라지지 않았음을 깨달았다.

공인된 미술 대회에서 큰 상을 받으면 대학 가기가 쉬워지기 때문에 그곳에 참여한 몇몇 학부모와 교사들은 절대로 해서는 안 될 행동까지 보여 몹시 우울했다. 상을 받아야 된다는 강박관념 때문인지 같이 온 어른들은 학생 작품에 너무나도 쉽게 손을 댔다. 마치 그렇게 하는 것이 학생을 위하는 것이고, 어른들의 권위인 것처럼. 특히 미술학원 교사들은 마치 당연한 과정인 것처럼 아주 당당하게 거리낌없이 그랬다.

상을 꼭 받아야겠다는 강박관념은 학생들로 하여금 그 현장에 있으면서도 현장을 그림으로 표현하지 못하고 사진을 보고 그리거나, 누군가가 그렸던 그림을 베끼게 만든다. 방화수류정에 대한 자신의 느낌이 어떤지, 그 느낌을 어떤 방법으로 표현해야 할지, 미술에서 가장 근본이 되는 물음도 없이 무조건 잘 그려야 된다는 생각 때문에 그림조차도 외워야 하는 상황이 되어 버리는 것이다.

이런 현상은 중고등학교 미술 대회에만 있는 것이 아니다. 어린아이가 뭔가를 끄적거리기 시작하는 서너 살 때부터 대학에 들어가기까지 아이들은 수많은 미술 대회를 접하게 된다. '기를 살려야 된다' '남보다 잘해야 된다'는 부모들의 그릇된 경쟁의식이 아주 어린 아이 때부터 영향을 주어 아이들은 나름대로 자유로운 표현력을 기르기보다 '잘 그린 그림'이라는 정해진 틀 속으로 들어가고 만다.

어린아이들을 대상으로 한 미술 대회에서 몇 번 심사를 하면서 느꼈던 점은 아이가 온전히 자기 느낌을 그려내지 못하고 거의 대부분 어른들 생각대로 그림을 그린다는 것이다. 형태 그리기가 미숙한 아이에게는 형태를 그려 주고, 색을 잘 못 쓰는 아이에게는 이런저런 색을 쓰라고 친절하게 가르쳐 주는 어른들이 너무 많다.

요즘 아이들을 위한다는 교육기관치고 개성과 창의성을 중요하게 생각하지 않는 곳이 없다. 그런데도 미술 대회에 나가면 그 얘기는 남의 나라 이야기가 되어 버린다. 교사들을 비롯한 어른들은 이렇게 해야 상을 받고, 저렇게 하면 상을 못 받는다고 하면서 상 받을 수 있는 방향으로만 지도를 한다. 직업상 현장에서 아이들과 교사, 학부모들을 계속 만나고 있는 사람으로서 왜 이런 현상이 생기는지 궁금증이 생기지 않을 수 없다.

"어떻게 아이들에게 그런 잘못된 교육을 시킬 수 있는가?" 하고 교사들에게 물으면 열이면 열 모두 학부모 탓으로 돌린다. 학부모가 내는 돈으로 운영되는 학원으로서는 그들의 눈치를 볼 수밖에 없는데, 수단과 방법을 가리지 않고 '상'을 받으려는 학부모들이 많으니까 자연 상을 받을 수 있는 그림 쪽으로 지도할 수밖에 없다고 변명을 한다. 이것에 대해 학부모들은 또 어떻게 생각하고 있는지 물어보면 도리어 학원 쪽으로 화살을 돌린다.

두 사람이 같은 학원의 교사와 학부모가 아니어서 다른 대답을 할 수도 있겠지만, 그들의 대답을 종합해 보면 미술에 대해 그릇된 생각을 하고 있음을 알 수 있다. 미술을 단지 기술로만 생각하여 무조건 배우면 된다고 생각하는 것이다. 좋은 그림을 보고 베끼거나, 어른들의 일방적인 지시를 받게 하는 이유가 바로 그 때문이다.

아이가 커서 초등학교에 들어가면 학교를 졸업할 때까지 수없이 많은 미술 대회에 참가하게 된다. 아이가 원해서 나가는 경우도 있지만 대개는 어른들 욕심 때문에 아이들이 끌려다니는 경우가 더 많다. 미술 대회뿐만 아니다. 아이들을 힘들게만 하는 포스터 그리기 대회는 정말 무엇 때문에 하는지 알 수가 없다. 초등학교 교사들도 그 의미를 부정하면서 오로지 위에서(교육부) 지시하기 때문에 어쩔 수 없이 한다고 한다. 믿기 어렵지만 한 아이가 일 년에 그려야 하는 포스터가 열 종류가 넘는다고 한다. 미술학원을 운영하는 사람들은 아이들에게 일 년 내내 미술 대회와 포스터 그리기 대회를 준비시키느라고 제대로 된 미술교육을 할 수 없다고 하소연하지만, 상에 대한 사회의 인식이 바뀌지 않는 한 계속될 것으로 보인다.

아이들의 열등감을 이용하는 어른들

아이들을 어른들의 꼭두각시로 생각하는 경향은 미술 대회나 포스터 그리기 대회뿐만 아니라 문화재 그리기 대회에서도 그대로 드러난다. 아이들에게 문화재에 관심을 갖게 하기 위해 우리나라 박물관에서는 해마다 문화재 그리기 대회를 연다. 전통문화와 동떨어져 사는 아이들에게 관심을 갖게 하여 우리 문화를 사랑하게 하려는 뜻은 좋으나 대회 결과를 보면 이래도 되는 것인지 너무나도 화가 난다. 도저히 아이들이 그렸다고 볼 수 없는 그림들을 뽑아 아이 이름으로 상을 주고 전시를 한다. 관람하는 어른들은 아이가 했다고 믿지 않으면서도, 늘 그렇지 않느냐며 자조해 버린다. 그러나 아이들은 자기 그림보다 훨씬 잘 그려진 그림 앞에서 기가 죽는다.

아이들에게 해가 되는 이런 대회를 끊임없이 계속 열고 있는 이유는 아마도 대회를 통해 주최측을 홍보하려는 의도가 더 크기 때문일 것이다. 어떤 학습지 회사에서 부모와 함께 유럽 여행을 다녀올 수 있는 상품을 내걸면, 상을 받은 아이의 부모는 그 회사의 홍보 요원이 되기 마련이다. 그 회사에서도 그것을 노렸을지 모른다. 그러나 정작 그 상을 받은 아이는 자칫 그 상 받은 그림에 머물러 더 이상 성장하지 못할 수도 있다. 어린 아이가 감당하지 못할 정도의 큰 상을 받으면 마음의 부담을 느껴 새로운 시도를 하지 못할 수 있다. 그래서 서구에서는 아이들을 대상으로 미술 대회를 열지 않는다고 한다. 미술 대회가 오히려 아이들의 창의성을 해치고, 상이라도 받으면 자칫 자기 세계에 갇혀 버리기 때문에 그저 미술을 즐길 수 있도록 한다는 것이다.

미술은 손끝의 재주로 표현하는 것이 아니라 자기의 경험과 생각 그리고 다양한 감성이 한데 어우러져 조형 언어로 나타나는 것이다. 그러므로 아이만의 독창적인 표현을 위해서는 아이 스스로 주체가 되어야 한다. 정직한 어린이가 되라면서 어른들은 아이 앞에서 아이가 하지도 않은 것을 아이가 했다고 거짓말을 하고, 아이를 있는 그대로 인정해 주지 않는다. 아이가 자라는 동안 격려하고 인정해 주기보다는, 아이에게 맞지 않는 단계를 상정하여 열등감을 갖게 하고, 그 열등감을 이용하여 어른들의 그릇된 권위를 만들어 가는 것이 바로 우리 사회라는 느낌이 든다.

봉사활동이 진실로 내면화시키는 것

가장 고귀한 사랑은 바로 우리 존재에 대한 사랑이다. 결점 많고 파괴적이고 비겁한 두려움과 혐담, 경쟁의식에 시달리는 인류에 대한 사랑 말이다. 가장 어려운 시기에 처했을 때 종종 내보이는 선함, 아무도 보지 않는데도 올바른 일을 행하는 의로움, 아무 소득이 없는데도 정직하게 구는 것, 남들이 싫다고 외면하는 사람을 사랑하는 것. 바로 이런 것들에 대한 사랑이, 그리고 이를 글로 노래로 찬양할 줄 아는 능력이 우리를 인간답게 만드는 것이다. _『호모 무지쿠스』(대니얼 J. 레비틴, 마티)

패밀리 레스토랑에 가보셨나요?

　　　　　　　　　지금은 흔하지만 새로운 외식 문화로 패밀리 레스토랑을 손에 꼽던 시절, 그곳에 처음 간 날을 또렷하게 기억한다. 촌스러운데다 질보다 양을 지향하는 내 입맛 탓에 영 마음이 편치 않

김진한 _ 민들레출판사에서 일한다. 민족이니 국가니 하는 큰 것들은 말짱 꽝이라고 생각하며, 동네와 개인들처럼 작은 것들이 아름답다고 여기는 소심한 소신남이다.

았다. 게다가 비싼 음식값을 치를 생각에 배는 채워지는데도 속이 쓰렸다. 나오는 길에 음식값에 부가세가 더해진 영수증을 받아 들고서, 주문받으러 온 분을 떠올렸다. 무릎을 꿇다시피 쪼그려 앉아 주문을 받던 모습과 자연스럽지 못한 미소. 도대체 사람을 저렇게까지 시켜서 돈을 벌어야 할까 의구심도 들고, 그럼에도 자신의 일에 충실하던 분에 대한 안타까움이 섞여 부가세는 그분께 드린 셈 치자고 마음먹었다. 비슷한 경험은 또 있었다. 서울에 처음 올라왔을 때, 촌놈 서울 구경시켜 준다며 친구가 안내한 곳이 '민들레영토'라는 찻집이었다. 새로운 문화공간이라며 그곳에 대해 설명하는 친구의 어깨너머로 별스런 옷과 과장된 몸짓, 미소가 눈에 거슬려 앉아 있는 내내 불편했다.

　이런 류의 서비스 산업에 불편함을 느끼는 까닭은 어린 시절의 경험에 있다. 내가 세상에 나기 전부터 부모님은 장사를 하셨는데, 점방店房과 살림집이 붙어 있다 보니 부모님이 장사하시는 모습을 고스란히 보며 자랐다. 생산과 소비 사이를 '우아하게' 연결하는 서비스 개념이 들어오기 전, 서비스에 비해 그 이름도 투박한 '유통' 산업 시대의 점방이었다. 어쩌다 아버지가 늦은 점심을 드실 때 물건을 사러 온 손님은 오히려 미안해하며 다 먹고 나오시라고 기다림을 자청하곤 했다. 그 무렵 사람들은 음식점에 가서도 바쁜 데 작은 힘이라도 보탠다고 빈 그릇을 치우며 일손을 돕는 게 예사였다. 그런 분위기 속에서도 부모님들의 식사 시간은 늘 부족했다. 언제나 일이십 분을 넘기는 일 없이 후다닥 해치워야 했던 터라 밥 먹을 때 찾아오거나 기다리고 있는 손님이 어린 마음에 밉기만 했다. 내가 받아야 하는 서비스만큼 그것을 제공하는 사람의 상황이나 눈치를 살피게 된 게 그런 기억들 때문이다.

동생이 머리가 굵어지고 나서는 언성 높여 싸운 일이 없었는데, 하루는 음식점에 같이 갔다가 큰소리를 냈다. 바쁘게 오가는 종업원들이 불친절하게 굴었다며 불러다 따지기에 그러지 마라고 화를 낸 게 시작이었다. 동생은 자기가 힘들게 돈을 버는 만큼 돈을 쓸 때 자신도 그만한 대우를 받아야 한다고 했다. 같은 환경에서 자란 동생이기에 부모님을 생각하라며 버럭 화를 냈고, 동생은 부모님도 이제 대접받으며 살아야 한다고 대들었다. 부모님이 받아야 할 대접이란 게 어떤 건지 도무지 알 수 없어 슬펐다.

십 년 전만 해도 일본을 다녀온 사람들은 이구동성으로 일본사람들의 과잉친절 때문에 불편했다고 말했다. "백화점 점원들이 너무 친절해 인간미가 느껴지지 않았다. 로봇하고 말하는 것 같더라." "완전 닭살이다." 하는 식이었다. 그때만 해도 우리는 사는 자와 파는 자 사이에 오가는 이런 과잉친절을 불편해하는 감수성을 지니고 있었던 셈이다. 사람의 감정은 돈을 주고 사고파는 것도, 돈으로 환산할 수 있는 것도 아니어서 지나치게 친절한 경우 무슨 꿍꿍이가 있는 게 아닐까 의심하기도 했다.

십 년 사이에 산천만 변한 게 아니라 사람들 감수성도 많이 달라졌다. 요즘은 친절을 불편해하는 사람들을 찾아보기 힘들다. 식당에서 음식을 나르는 사람은 친절함과 공손함까지도 함께 날라야 한다. 커피숍에서 불친절한 종업원 태도에 화를 내는 친구에게, 우리는 커피를 마시러 온 거지 미소를 사려는 것은 아니지 않냐고 되물을 사람이 얼마나 있겠는가? 늦은 밤 술자리에서 고객의 전화를 받은 친구는 아주 친절하게 통화를 하더니, 끊자마자 언제 그랬냐는 듯 그 시간에 전화한 개념 없는 인간을 욕해 댄다. 그렇게 욕을 하다가도 24시간 편의점에 들어가서는 알바생의 건조한 목소리에 짜증을 낸다. 내가 지불한 돈 안에는 미소와 친절까지가 포함된 거라는 생각 때문이다. 자본주의 속성상 더 많은 이익을 내기 위해 친절함까지 상품에 끼워 팔려는 건 당연한 거고, 사람들은 그 속성이 만들어 낸 달콤함(누군가의 고통과 씁쓸함)을 주저 없이 마시고 먹는다.

봉사활동, 반대급부를 바라는 행위?

얼마 전 버스에서 등 뒤 학생들 이야기를 우연찮게 듣게 되었다. 편하고 쉽게 봉사활동 하는 방법은 없는지 진지하게 서로 묻고 답했다. 취업 자리로 사무직과 현장직을 이야기하듯이, 봉사활동에도 그런 구별이 있다는 걸 처음 알았다. 우체국이나 동사무소 같은 사무직이 지하철이나 복지관 같은 현장직보다 편하다는 이야기를 할 때는, 나도 모르게 고개가 끄덕거려져, '이건 아닌데' 하며 정신을 차려야 했다. 그러곤 봉사 시간 이야기가 뒤를 이었는데 어디는 한 시간만 해도 알아서 시간을 채워 준다는 고급 정보도 주고받았다.

집에 돌아와 인터넷을 검색해 보니 더 심각했다. 아무것도 신경 쓰지 말고 공부만 하라는 부모님들은 봉사활동 영역에서도 어김없이 대리자로서 활발하게 움직이고 계셨다. 심지어 학교에서도 공공연히 학부모들에게 아이 대신 봉사활동 확인서를 많이 받아 오라고 한다. 대학 가는 데 도움이 된다며. 이삼백만 원짜리 단기 해외 봉사활동은 극소수 사람들만의 이야기겠지 싶었는데, 일부 대학에서 불필요한 봉사활동 과열을 막기 위해 단기간 해외 봉사활동은 평가 점수에 반영하지 않는다는 조항이 있는 걸로 보아 그리 만만한 숫자는 아닌 듯하다. 돈 있는 사람들은 해외에서 즐기면서 시간을 채우고, 돈 없는 것들은 지하철에서 하릴없이 시간을 때운다는 자조 섞인 목소리도 있었다.

　재작년 태안 기름 유출 사고 당시, 전 세계적으로 이목을 집중시키며 찬사를 받았던 기름 제거 봉사활동. 너나 할 것 없이 아름다운 모습을 함께 연출했던 장면과는 도저히 오버랩되지 않는 이 모습은 대체 무엇일까?

　원래 자원봉사활동이란 개인 또는 단체가 타인 및 지역사회 등을 위해 자발적으로 영리적 반대급부 없이 시간과 노력을 제공하는 행위를 말한다. 그러나 학생들의 봉사활동이 이처럼 행해지고 있다고 믿는 사람은 아마 아무도 없을 것이다. 누구나 알고 있듯이 봉사활동은 내신성적에 반영되고, 그것은 곧장 입시에 영향을 미치는 터라, 학생들의 봉사활동은 상급학교 진학을 위한 '타율적이고 반대급부를 바라는 행위'로 자리 잡은 지 오래다. 이렇게라도 봉사활동을 경험하는 편이 개인이나 사회에 도움이 될까?

다른 사람을 위하는 마음까지 상품화된다면?

　　　　　　　　　　　　　　　　　　　　　인간의 본성이 선하거나 악하다는 논쟁은 예부터 계속되는 주제다. 최근에는 문화결정론이나 유전자 결정론 같은 논의로 이를 증명하려고도 한다. 과학이 발달하면서 유전자 결정론이 힘을 얻는 듯한데, 여기서도 이기적 유전자니 이타적 유전자니 하며 논쟁을 결론짓진 못하고 있다. 유전자에 대한 논의가 흥미롭긴 하지만 여전히 답을 내지 못하는 상황에서 문화결정론을 대강 넘기기는 어렵다. 인간에게 이기적 유전자와 이타적 유전가가 모두 있다고 본다면 문화의 힘은 아주 중요하다.

　우리 사회는 주로 개인의 영리적 반대급부를 제시하며 봉사활동을 권한다. 청소년뿐만 아니라 어른들의 봉사활동도 별로 다르지 않다. 전국 사회봉사 단체 및 기관에서 통합 관리하는 봉사활동 인증관리 사업이라는 게 있다. 자원봉사자 카드를 만들어 실적 정보를 관리하고, 봉사자들에게 인센티브(신용카드가 제공하는 마일리지나 포인트 서비스와 비슷하다)를 줘 다른 사람을 돕는 활동에 나서도록 동기를 부여하겠다는 것이다. 이타적 활동의 동기화를 위해 이기적 미끼를 사용하는 이 모순, 이타적 활동이 주는 뿌듯함을 느낄 새도 없이 사람들은 각종 유인책에 먼저 눈길을 돌리게 되고 그것에 익숙해지면서 나중에는 유인책이 없으면 아예 움직일 생각조차 하지 않게 된다. 제사보다 젯밥을 먼저 떠올리는 문화에서는, 결국 봉사하는 사람도 도움을 받는 사람도 봉사활동에서 소외되거나 타율적이 될 가능성이 크다.

자본주의가 심화되면서 인간의 본질이라 할 인성까지도 점차 상품화되는 추세다. 학교에서 이뤄지는 봉사활동이 진심으로 걱정스러운 이유가 바로 여기에 있다. 육체와 시간을 저당 잡힌 건 오래고, 감정을 사고파는 것도 익숙해진 요즘, 사람들의 이타적 마음까지 상품화하는 비형식적 교육과정이 지금의 봉사활동이 아닐까. 노인복지관에서 할머니 대화 상대를 해드린 뒤 봉사활동 확인서를 받고, 확인서는 점수가 되고, 점수는 대학을 가게 해주고, 다시 장애인복지관으로 가서 청소를 한 뒤 확인서를 받고…, 이런 행위가 반복되면서 아이들에게 확인서 없는 봉사활동은 의미가 없어질 것이다. 입시와 경쟁에 쫓겨 자신도 모르게 인간다움을 점수로 교환하는 경험, 그 과정 속에서 시나브로 인간의 소중한 본질을 시장에 내어놓게 될 거라고 한다면 너무 비약일까?

뭐든 적절한 값을 받아야 하고, 또 적절한 값을 치러야 하는 게 지금 세상의 상식이라지만, 세상엔 공짜란 없는 법이라지만, 그 거래 품목에 사람의 웃음, 사람을 위하는 마음, 더불어 살려는 마음까지 끼워 넣어야 하는 걸까? 그걸 내버려 둬야 하는 걸까?

자원봉사자 카드와 확인서는 '더불어 살려는 마음'을 관리하고 평가하며 교환하는 연습을 확실히 시킨다. 지금은 봉사활동 확인서에 불과하지만 탄소가 거래되듯 언제든 거래 대상이 되지 않으리라는 보장은 어디에도 없다. 지금은 당연하게 여기는 토지 거래가 인디언들에게는 인간성을 사고파는 행위와 똑같았다는 사실을 기억해야 한다.

음악을 통한 교육혁명

2008년 가을 〈베토벤 바이러스〉라는 드라마가 방영되었다. 공무원, 경찰, 가정주부, 고등학생, 카바레 연주자, 수의사 등 클래식 음악과는 전혀 상관 없는 듯한 사람들이 오케스트라 단원으로 모여 감동적인 연주를 만들어 간다는 내용의 이 드라마는 방영 당시 많은 화제를 모으며, 사람들에게 클 래식 음악에 대한 관심을 갖게 했다. 클래식 음악에 대한 열망을 품고 있는 드라마 속 등장인물들은 쉽지 않은 현실의 벽 앞에 많은 괴로움을 겪지만, 결국 하나씩 극복해 내고 저마다 나름의 성취를 하나하나 이루어 낸다.

이 드라마가 방영된 이후 많은 사람들이 오랫동안 잊고 있었던 악보를 꺼내서 다시 피아노를 시작하기도 하고, 낯설게만 보인 클래식 악기를 배 워 보겠다는 생각을 갖게 되었다고 한다. 아이들이 있는 집은 이 드라마를 보면서 악기 하나쯤 가르쳐 보면 어떨까 진지하게 생각하기 시작했고, 같

김재용 _ 음악 칼럼니스트이자 작곡가. '먼산이 아빠'라는 필명으로 자녀교육에 관한 글도 쓰고, 대안학 교에서 고전 강의도 하고 있다.

이 보러 갈 음악회는 어떤 것이 있는지 찾아보기 시작했다.

드라마에 나온 대사 중에 이런 말이 있다. "클래식 음악은 '귀족들이 하는 음악'이다. 평민들은 클래식 음악을 할 수 없다." 상당히 극단적인 말이지만, 사실 우리가 만나게 되는 현실은 이 말과 크게 다르지 않다. 피아노가 되었건 다른 악기가 되었건 악기 가격만 해도 만만치 않을 뿐더러 레슨비도 적지 않은 부담이 된다. 조금 무리를 해서 음악교육을 받는다 하더라도 실력이 향상될수록 경제적 부담은 기하급수적으로 늘어난다. 실제로 많은 재능 있는 학생들은 상급학교로 진학할 때마다 경제적 부담 때문에 음악 레슨을 그만두게 된다. 교육비가 교육을 받는 개개인에게 전적으로 부담되는 상황에서 어지간한 부유층이 아니면 이를 감당하기 힘들기 때문이다. 상황이 이렇다 보니 클래식 음악은 아무나 접근할 수 없는 부유층만의 전유물이라고 생각하게 되고, 특히 대안학교 같은 곳에서는 클래식 음악을 말하는 것조차 '대안 판'에 어울리지 않는 사치스러운 일이라는 인식이 일반화되었다. 그렇다면 클래식 음악은 정말 '귀족'들만을 위한 음악일까? 이에 대한 반론을 보여 주는 놀라운 기적이 있다. 바로 남미의 작은 나라 베네수엘라에서 일어난 일이다.

음악으로 구원받는 아이들

베네수엘라에는 어느 곳에 가도 〈베토벤 바이러스〉 드라마에서 보았던 것과 같은 오케스트라를 찾아볼 수 있다. 2008년 현재 청소년 관현악단 120여 단체와 유소년 관현악단 60여 단체가 등록되어 활동하고 있다고 한다. 우리나라로 말하자면 그야말로 동네마다 청소년 오케스트라가 있는 셈이다. 이들 오케스트라는 대부분 저소득층 아이들로 구성되어 있으며, 이들에게는 무상으로 음악교육이 이루어진다.

이러한 기적은 1975년 한 사람으로부터 시작되었다. 바로 경제학자이자 아마추어 지휘자였던 호세 안토니오 아브레우이다. 그는 자신의 집 주차장에 동네 아이들 열한 명을 불러모아 놓고 악기를 하나씩 주면서 음악을 가르치기 시작했다. 소문을 듣고 다음날에는 스물다섯 명이 찾아왔고, 그 다음에는 마흔여섯 명, 또 그 다음날에는 일흔다섯 명이 모였다. 이곳에서 클라리넷을 배운 레나르라는 아이는 그때까지 강도와 마약 복용으로 아홉 차례나 체포된 적이 있었다고 한다.

"처음엔 농담인 줄 알았어요. 제가 악기를 가지고 달아나지 않을 거라고 믿어 주는 것에 우선 놀랐죠. 그들은 저를 억지로 계도하려고 한 것이 아니고, 그냥 악기를 줬어요. 손에 잡힌 악기는 총보다 느낌이 좋았어요."

레나르는 지금 교사가 되어 새로운 삶을 살고 있다.

아브레우가 만든 오케스트라는 곧 기하급수적으로 늘어났다. 이곳에서 교육을 받은 아이들이 다시 다른 아이들을 가르치기 시작했고, 함께 모여 음악을 연주했다. 아브레우는 이러한 음악교육을 계속 확대해 왔고, 이 프로그램을 '엘 시스테마'라고 불렀다. '엘 시스테마'의 원칙은 간단하다. 악기를 잡을 수 있는 나이가 되면 아무리 어린 아이에게도 악기가 주어진다. 시스테마의 앙상블(편집자 주 _ 주로 실내악을 연주하는 적은 인원의 합주단)에서 연주하겠다는 아이들의 약속만 있으면 수업료, 외출비가 지급된다. 레슨은 그룹 형식으로 이루어지고, 기초를 터득한 아이들은 더 나이 어린 아이들을 가르친다. 이렇게 해서 거리에서 뒹굴던 아이들은 악기를 들고 음악을 연주하게 되었다.

빈민가 식료품점에서 포장 일을 하던 아홉 살 소년 에디슨 루이즈의 이야기를 들어보자.

"오늘 저녁은 먹을 수 있을지, 그렇다 해도 내일은 굶지 않을지 알 수 없는 상황이었어요. 아버지의 얼굴은 일 년에 서너 번 볼 수 있었을까. 아주 어렸을 때 집을 떠났죠. 제가 모르는 아버지의 자녀가 예닐곱 명이에요. 도저히 우리를 부양할 수 없었죠. 주위 상황은 더 심각했어요. 카라카스(편집자 주 _ 베네수엘라 수도)에서도 가장 낙후된 빈민가에 사는 아이들은 주변에서 총 맞는 사람들을 목격하며 자라야 했죠. 마약 무기 밀매상과 알코올 중독자가 가득한 도시가 자신이 평생 살아야 할 곳이라고 생각했어요."

이런 하루하루를 보내던 아홉 살 루이즈에게 어느 날 놀라운 기회가 찾아왔다.

"옆집에 사는 분이 오케스트라를 소개해 줬어요. 처음 가니까 비올라를 배워 보라고 했는데 한두 번 연주해 보니 고개도 비뚤고 자세가 이상한 거예요. 친구를 끌어안는 것 같은 더블베이스가 더 좋아 보였죠. 그렇게 우연히 시작된 거죠."

매일 오후 2시면 식료품점에서 오케스트라 연습실로 가는 것이 루이즈의 일상이 됐다. 하루 네 시간씩 현악기 주자가 모여 연습을 했고 개인 레슨도 받았다.

"우리 모두에게 마약 운반이 아닌, 최초의 다른 일상이 시작된 거죠."

열다섯 살이 됐을 때 루이즈는 인디애나폴리스 국제 베이스 콩쿠르에서 수상했고, 열여섯 살에 독일의 초청을 받아 연주회를 열 수 있었다. 그리고 이 연주회가 주목을 끌게 되면서 지휘자 사이먼 래틀의 추천을 받아 베를린 필하모닉의 단원 오디션에 참여할 수 있었다. 현재 그는 베를린 필하모닉의 역대 최연소 단원으로 활동하고 있고, 지난 11월에 있었던 베를린 필하모닉의 내한 공연에도 단원 자격으로 함께했다. 음악평론가 셜리 앱소프는 루이즈의 경우에 대해 이렇게 말한다.

"그가 과연 예외적인 경우일까? 이에 대한 대답은 '예'이자 '아니오'이다. 베를린 필하모닉의 모든 연주자들은 예외적인 사람들이다. 그러나 오늘의 베네수엘라에는 국가적 음악교육 시스템에 의해 길거리에서 구출되어 세계적 수준의 연주자로 거듭나는 젊은이들로 가득하다. 루이즈는 드문 사례가 아니다."

베네수엘라의 여러 청소년 오케스트라 중에서 가장 뛰어난 실력을 지닌 학생들은 카라카스에 있는 '베네수엘라 시몬 볼리바르 청소년 오케스트라'라는 긴 이름의 관현악단으로 모인다. 현재 이곳의 지휘를 맡고 있는 구스타보 두다멜은 '엘 시스테마' 출신의 음악가로, 열다섯 살 때 한 청소년 오케스트라에서 처음 지휘를 시작했고, 뛰어난 실력을 인정받으며 1999년 열여덟이라는 젊은 나이로 시몬 볼리바르 오케스트라의 상임 지휘자로 임명되었다. 이들의 뛰어난 연주는 세계 각국의 엄청난 주목을 받았고, 2005년 세계적인 음반사인 도이치 그라모폰과 베토벤의 교향곡 5번과 7번을 녹음한 음반으로 데뷔하여 평론가들의 극찬을 받았다. 구스타보 두다멜은 미국의 LA 필하모닉 오케스트라의 음악감독으로 내정되었는데, 주빈 메타, 카를로 마리아 줄리니, 앙드레 프레빈 등 세계 정상급의 지휘자가 거쳐 간 이 자리에 스물일곱 살의 제3세계 젊은 지휘자가 서는 것은 세계 음악계에서 유례가 없는 일이기도 하다. 두다멜은 LA 필하모닉을 지휘하면서 동시에 시몬 볼리바르 청소년 오케스트라를 지휘하게 되며, 2008년 겨울에 열린 이 오케스트라의 내한 공연에도 지휘자로 함께 연주했다.

'엘 시스테미'는 현재 베네수엘라에서 25만 명의 어린이들의 음악교육을 담당하고 있다. 그중 90퍼센트 이상은 저소득층 아이들이라고 한다. '엘 시스테마'를 만든 아브레우는 정부로부터 자금을 받아 내는 데에도 성공했다. 사회주의 성향인 차베스 정권이 들어서면서 정부는 연간 3천만 달러의 지원을 하고 있다. 인구 2,200만 명으로 국민 일인당 연간 평균 소득이 3,500달러 이하인 베네수엘라로서는 기적 같은 일이다. '엘 시스테마'가 시작된 이후 베네수엘라의 청소년 범죄율은 무려 40퍼센트가 줄었으며, 많은 아이들이 경제적 어려움 없이 악기를 연주할 수 있게 되었다.

음악을 통한 사회변혁운동

베네수엘라에서 일어난 기적은 세계의 여러 음악가들에게 깊은 인상을 남겼다. 시스테마의 교육혁명에 매료된 많은 음악인들은 매년 베네수엘라를 찾고 있다. 여기에는 로린 마젤, 사이먼 래틀, 클라우디오 아바도, 주빈 메타, 주세페 시노폴리 등 세계의 정상급 지휘자들도 동참했다. 지휘자 클라우디오 아바도는 한 해 중 두 달은 베네수엘라에 머물며 이 오케스트라와 공연하고 있다.

"아브레우가 음악을 통해 사회를 바꾸려 하는 데에 나는 매료당했다. 그는 몇십만 명의 인생을 바꿨다. 베네수엘라의 빈부 격차는 전 세계적으로도 최악이다. 몇백만의 사람들이 판잣집에서 살고 있다. 그들은 굶주림, 범죄, 매춘, 마약에 노출돼 있다. 얼마나 무서운 일인가. 하지만 지금 젊은 음악가들은 살아가는 게 얼마나 좋은 일인지 그 이유를 깨닫고 있다."

더블베이스 연주자 에디슨 루이즈의 후원자를 자처하고 있는 베를린 필하모닉의 상임 지휘자 사이먼 래틀은 이렇게 말하고 있다.

"이것은 말로 표현할 수 없는 기적이다. 흡사 숲 속의 버섯과 같다. 이것은 음악의 미래다. 그리고 사회를 바꿔 가는 주체의 하나다."

베네수엘라의 '엘 시스테마'에 깊은 인상을 받은 여러 음악가들은 이른바 '귀족 음악'이라는 클래식 음악에 대한 기본 전제를 바꾸고자 나름대로의 노력을 기울이고 있다. 베네수엘라 가난한 마을에서 시작된 이러한 운동은 현재 남미 전역으로 확대되기 시작했으며, 남아공 전역에서는 '엘 시스테마'를 본뜬 프로젝트가 활발하게 진행되고 있다. 2008년 겨울 내한 공연을 가진 베를린 필하모닉은 예술의 전당에서 있었던 공연 전 리허설 연주를 소외 계층 청소년 8백여 명에게 무료로 개방하여, 높은 티켓 값과 상관없이 음악을 즐길 수 있도록 했다. 이 오픈 리허설은 지휘자인 사이먼 래틀의 강한 희망으로 이루어진 것으로, '엘 시스테마'를 알게 된 이후의 사이먼 래틀의 모습을 보여 준다.

사이먼 래틀은 '엘 시스테마'를 기록한 다큐멘터리 〈음악의 약속〉을 본 뒤 자신의 조국 영국을 향해 이렇게 말했다.

"이 다큐멘터리는 특히 영국의 모든 각료들이 반드시 봐야 하는 기록이다. 이 영상물을 보고 수치심에 얼굴을 붉히기를 바란다. 그리고 두 대목에 특히 주목하기를 바란다. 단원 중 한 사람이 들려준 '시스테마는 그저 오케스트라에서 악기를 연주하기 위한 것이 아닙니다. 우정과 나눔을 위한 일이기도 하죠.' 이 말과 지휘자 두다멜의 이 한마디이다. '베네수엘라에서 가능하다면 왜 다른 나라에서는 안 되죠? 정말 왜 안 될까요?'"

지휘자 사이먼 래틀은 영국을 향해 베네수엘라에서 일어난 기적을 본받자고 이야기한다. 여기서 사이몬 래틀이 말한 '영국'을 '대한민국'으로 바꾸어 보자. 부모의 경제력에 따라 교육의 불평등이 대물림되는 이곳에서 남미의 작고 가난한 나라인 베네수엘라의 기적은, 단순히 돈이 많이 든다는 이유 하나만으로 '귀족'의 영역에서 빠져나오지 못하는 클래식 음악을 다시 생각하게 해준다. 클래식 교육은 단순히 서양 악기를 가르치거나 악보에 대한 이해를 도와주는 것과 차원이 다르다. 훌륭한 음악가를 키우는 것은 정말로 부수적인 일이다. '엘 시스테마'는 음악인을 기르는 과정이 아니라 베네수엘라의 빈곤과 범죄로부터 아이들을 구해 내는 사회운동이다. 이 프로그램은 음악인 양성 과정이 아니라 정신운동이었고, 바로 음악을 통한 사회변혁운동이었다. '엘 시스테마'를 처음 시작한 아브레우는 이렇게 말하고 있다.

"우리와 함께 일하는 아이들에게 음악은 품위 있는 삶으로 인도해 주는 가장 실질적인 것이다. 가난은 오로지 외로움, 슬픔, 그리고 무명을 뜻하지만 오케스트라는 환희, 열의, 협력, 그리고 완성을 향한 열망을 의미한다. 오케스트라라는 하나의 커다란 가족은 조화와 화합을 통해 사람들에게 오로지 음악만이 전해 줄 수 있는 아름다움을 전해 준다."

양심에 따른 사교육 거부

_ 우리 삶 속의 사교육에 대한 성찰

뭐 해서 먹고살까 고민하다가

징역살이가 익숙해진 얼마 전부터 '출소 이후'의 계획을 조금씩 짜 보기 시작했다. 닫힌 공간에서 생각만으로 짜는 계획이기에 밖에 나가서는 거의 다 바뀔 것을 알고 있지만 그럼에도 자유의 시간을 상상하며 빈 종이 위에 차근차근 정리하는 맛이란! 그 계획 중 주된 것 하나는 역시 '돈벌이'였다. 얼마 전까지만 해도 대학생 신분이었고, 졸업 직후에는 병역거부로 신변이 불안했기에 이것저것 하면서 용돈 정도 해결하는 것으로 버틸 수 있었지만 이후에는 상황이 달라지리라.

나가서도 〈전쟁없는세상〉 활동과 공부를 계속하려고 맘먹고 있기에 돈벌이를 위한 선택의 폭이 좁은 상황에서 자연스레 생각이 간 곳은 사교육

임재성 _ 이 글은 양심에 따른 병역거부자로 수감생활 중에 쓴 글이다. 감옥에 가기 전에는 〈전쟁없는세상〉에서 평화로운 세상을 위해 활동했고 지금은 대학원에서 평화와 관련한 사회학 공부를 하고 있다.

이다. 수감되기 전 10개월 정도 '열심히' 학원 강사 노릇을 한 이후 얻은 '사교육은 운동하는 사람이 할 짓이 아니다'라는 생각에 변함은 없었지만 내 상황에서는 여러모로 매력적인 돈벌이기도 했다.

얼마간의 고민 속에서 '역시 사교육은 내가 할 짓이 아니다'라는 결론을 내렸다. 그러면서 문득 이런 나의 마음을 '양심에 따른 사교육 거부'라고 할 수 있을까 하는 생각을 했다. 학벌주의를 적극적으로 조장하는 사교육을 내 삶에서 다시는 돈벌이로 선택하지 않겠다는 결심을 말이다. 계속 이어지는 두 가지 생각. 그렇다면 이 사회 속에서 사교육은 무엇이고 그 사교육을 내 삶 속에서 거부한다는 것은 어떤 의미일까.

입시 전쟁도 전쟁인 이유

모든 것이 소수 기득권층에 집중된 한국 사회에서 학벌은 또 하나의 배타적인 특권으로 존재한다. 그 속에서 '학벌주의'는 사회구성원들에게 '학벌 특권'에 대한 욕망을 주입하여 그 독점과 차별을 정당화시키고 문제에 대한 근본적 비판을 가로막는다. 다른 것을 차치하더라도 이젠 그 특권에 진입하는 '입장권' 경쟁 자체도 더 이상 공정하게 이루어지지 않는다. 서울대 신입생 중 강남 학생이 차지하는 비정상적인 비율을 보더라도 이미 학벌은 부 세습의 전형적인 양태가 되고 있다. 그 세습을 정당화시키고 가능하게 하는 것이 바로 사교육이다.

학벌주의는 우리 사회에서 수많은 이들에게 폭력을 가한다. 명문대라는 학벌을 얻지 못한 이들에게 평생 가해지는 열등감의 폭력이야 무슨 말이 더 필요할까. '입시 전쟁'이란 표현처럼 모든 학생과 학부모는 '학벌'이라는 강요된 승리를 위해서 입시제도에 따라 일사불란하게 서로를 짓밟는 전쟁을 치른다. 그 전쟁의 동인이 학벌주의이며, '학벌'이라는 승리가 허구이기에 그 속의 모든 이들은 피해자일 수밖에 없다. 학부모는 자신이 당한 수모를 겪지 말라며 모든 것을 희생해 사교육에 매달리지만 결국 자신의 무능력에 한탄할 뿐이다. 학생 역시 자신의 개성과 꿈을 거세당한 채 숨 막히는 경쟁 속에서 그 나이에 누려야 할 것들을 희생당한다. 견디다 못해 자살까지 선택하는 학생들의 비극은 이 전쟁과 폭력을 이제는 멈추어야 함을 말하고 있다.

그렇다면 이 전쟁에서 승리하는 사람은 누구일까? 명문대에 가서 고급 노동력이 되어 높은 임금을 받을 수 있게 된 사람이 승리자라고 볼 수는 없다. 그 역시 자신의 삶과 꿈에 대한 모색의 기회를 박탈당한 채 단지 외부에서 주어진 목표를 얻은 것이기 때문이다. 전쟁에서 수많은 적군을 죽여서, 승리한 군대의 일원이 된 군인 개인을 '승리한 군인'으로 볼 수 없는 것처럼 말이다. 물론 이 사회는 그들을 승리자라고 말하고 있지만.

사교육과 군수산업의 유사성

고급 노동력을 자신의 수고 없이 얻어 낸 기업과 자본, 이 기업과 자본에게 분명 이 전쟁은 큰 이익이다. 이익을 보는 또 한 군데가 있다. 바로 사교육이다. 입시 전쟁이 치열해질수록, 보다 많은 폭력이 학생과 학부모에게 가해질수록 사교육은 신이 난다. 그렇기에 사교육은 학벌주의를 점점 더 능동적으로 조장하고 강화한다. 마치 전쟁 상황에서 군수산업체가 그러듯이 말이다. 전쟁으로 돈벌이가 잘되니 이제는 전쟁 자체를 만들어 내기도 하는 군수산업체의 모습과 지금 우리 사회의 사교육은 섬뜩할 만큼 유사하다.

'강사 전원 명문대 출신' '명문대를 위한 최상의 선택' 입시가 끝나면 전리품처럼 내세우는 '○○대학 몇 명 진학' 따위 홍보물. 사교육은 교육이 아니라 '팔려야' 하는 서비스이기에 소비자들의 구매 욕구를 철저히 자극한다. 자신의 생존을 위해서 학벌주의를 강화할 수밖에 없는 것이다. 사실상 본고사 부활이라는 2008년 입시안에 모든 시민단체와 교육계가 반대 투쟁을 준비하는 이때에 쾌재를 부르는 사교육, 발 빠르게 움직인 강남 한 학원에서 '이제는 논술이다!'며 내건 서울대 법대·의대 대비 초등학교 논술반 입학 경쟁률이 200:1이었다는 이야기를 듣고서는 암담하기까지 했다.

교육의 공공성, 입시 경쟁 철폐, 대학 평준화, 공교육 정상화라는 가치와 가장 반대되는 학벌주의와 그 운명을 함께하는 사교육, 학벌주의가 우리 사회에 미치는 영향, 그리고 그 내밀한 관계를 깨달은 이상 사교육을 돈벌이의 선택항으로 고민할 수는 없었다.

'운동권, 나중에 다 사교육 하더라'

앞의 이야기가 무색할 만큼 학벌주의와 사교육의 문제점은 운동하는 사람이라면 누구나 잘 알고 있다고 생각한다. 그럼에도 운동하는 이들 중 상당수는 사교육에 몸담고 있다.(나 역시 마찬가지였다. 대학 시절 내내 고액 과외의 최선두에 있었다.)

운동권 활동으로 다른 직장에 들어가는 것이 힘들기에 생계를 위해서 과외나 학원 강사를 하고 심지어 과외방이나 학원을 차리기까지 한다. 꽤 유명한 논술학원들이 대부분 운동권 출신들에 의해 운영된다는 것 역시 공공연한 사실이다. 여러 이유야 있겠지만 이 정도까지 적극적인 것에 대한 설명이 되지는 못할 것 같다. 어쩌면 '거대 담론'이나 '구조'에 대한 분석과 비판에는 능하지만 자신의 삶에 대한 성찰이 부족한 것은 아닐까. '페미니스트든 파시스트든 집에서 설거지 안 하는 것은 똑같다'라는 이야기를, 진보건 보수건 사교육 시장에서 학벌주의 조장하는 것은 똑같다고 비유하면 비약일까. 페미니스트 남성이 되기 위해서는 자신의 기득권을 버리고 가사노동을 해야 하는 것처럼 '진보'가 되기 위해서는 자신의 학벌을 팔아 쉽게 돈을 벌 수 있는 유혹을 거부해야 하는 것이 맞다고 할 수도 있을 것이다.

그러나 이런 비판은 또 다른 폭력이 될 수도 있다. '운동'이나 '진보'에 대한 선험적이고 총체적인 기준을 정해 놓고 '운동하는 사람이라면, 진보라면 이렇게 살아야 한다'고 틀에 맞추는 것은 이 체제가 개인을 규격화하는 방식과 맥락적으로 다르지 않기 때문이다.(에코페미니스트들 사이에서의 '채식' 논쟁도 이렇게 결론난 것으로 기억한다. 채식을 하지 않는 에코페미니스트들을 설득할 수 있지만 비판하는 것은 옳지 않다고.)

비판이 아닌 성찰의 나눔

그렇기에 우리에게 필요한 것은 어떤 결론을 강제하고, 그 결론과 다른 모습을 비판하는 것이 아니라 삶 속에서 스스로의 선택과 행위를 성찰해 보고 그것이 체제 속에서 가지는 맥락을 살피는 방법을 나누는 것이 아닐까.

'양심에 따른 거부'가 바로 그런 것이라고 생각한다. '양심에 따른 거부'는 무엇인가를 비판하는 것이 아니라 스스로 그것을 거부하는 삶을 살아감으로써, 대안적인 행위로써 이야기한다. 또한 '거부'라는 행위로도 나타나지만 그와 함께 '왜' 그런 거부를 하는가에 대해서 다른 이들에게 공감을 구하고 함께 성찰하기를 제안한다. 채식주의자(양심에 따른 육식거부자)는 육식을 하는 이들을 비판하지 않는다. 대신 이 사회 속에서 지금의 육식 문화가 어떻게 유지되는지를 함께 분석하며 스스로 '채식'을 하면서도 잘 살 수 있음을 보여 준다. 양심에 따른 병역거부 역시 마찬가지다. 병역거부 자는 군대에 가는 이들에게 '당신은 살인 행위를 연습하는 거야'라고 비난 하지 않는다. 군대와 군사훈련에 대한 자신의 성찰을 이야기하고 그 성찰을 바탕으로 '폭력'을 거부하는 삶을 보여 준다. 그렇기에 병역거부자의 수 나 대체복무제 입법 여부로는 판단할 수 없는, 다른 차원에서의 울림을 병 역거부자가 만들고 있다고 믿는다.

그런 맥락에서 '사교육은 내가 할 짓이 못돼'라는 생각에서 더 나아가 '양 심에 따른 사교육 거부'라는 또 하나의 거부를 삶의 원칙으로 삼고자 결심 했다. 아직도 너무 열심히 사교육에 종사하는 '진보'에 대한 비판의 마음이 있기는 하지만 비판보다 더 큰 것이 무엇인지를 알기에 사교육 없이도 어떻 게 즐겁고 멋지게 운동하며 살 수 있을까를 더욱 열심히 고민한다.

사소한 것에 목숨 거는 까닭

얼마 전 한 친구가 보내 준 편지에서 요 즘 운전면허를 배우고 있는데 자기가 석유 에너지 소모와 환경오염에 일 조하는 것이 아닐까 하는 죄책감이 들었다는 글을 읽었다. 비록 그 친구가 그 죄책감으로 인해서 운전면허를 따지 않은 것은 아니지만 그런 모습이 '가능성'이라고 느껴졌다.

이 사회 속에서 생존하기 위해서는, 자본과 체제에 타협할 수밖에 없다. 그러나 그 타협은 어디까지나 끊임없는 성찰과 반성을 통해 팽팽한 긴장 관계 속에서 이루어져야 한다. 그래야만 그 타협이 포기로 귀결되지 않고 저항의 가능성이 되는 것이다. 핵폐기장 반대를 외침과 함께 조금 덥지만 에어컨 대신 선풍기를 쓰는 것, 입시 지옥 반대를 외치며 조금 덜 벌고 힘든 일이지만 사교육 말고 다른 일을 하는 것, 그리고 운전면허는 땄지만 가능하면 대중교통을 이용하는 것. 삶의 성찰과 긴장 위에서 이루어진 '사소한' 선택들이 결국 세상을 바꾸는 울림의 시작일 수 있다. 왜냐하면 이 '사소한' 선택을 위해서는 자본과 체제가 주는 달콤함을 '거부'하는 신념과 용기가 필요하기 때문이다. 자신의 삶과 세상을 바꿀 수 있는 신념과 용기 말이다.

차라리 엄마들이 무식했으면

누가 무식한가

딸아이가 중학생이 된 지 며칠 안 되어 전국 중학교 1학년 진단평가가 있었다. 학생들까지 '전국단위 석차 내는 시험 반대'를 외치며 서명운동을 하게 했던 그 말 많던 시험이다. 아이는 내가 시작한 초등 대안학교의 첫 학생이었다. 저학년부터 하나하나 반이 생기면서 올라가는 학교에서 나이가 찬 딸이 공부를 함께할 학급이 없었다. 2년 동안의 아쉬운 대안학교 생활 끝에, 떠나왔던 공교육 안으로 다시 아이를 들여보내면서 내가 했던 작은 교육적 배려는, 아이가 학교에서 받아 온 시험문제를 함께 보며 대화를 나누는 일이었다.

공립학교에서 나온 시험지 문제를 분석해 보는 것은 재미있는 작업이기도 하다. 대안적 교육을 모색하는 독자들도 오랜만에 5지선다형 국어 시험 문제를 한번 들여다보자.

김현주 _ 서울 토박이로 지금은 경기도 광명시에 있는 대안학교인 구름산학교에서 교사로 있다. 도시에서 자라난 사람도 예술과 자연을 깊이 사랑하며 세상에 헌신할 수 있다는 걸, 오늘도 아이들 속에서 확인하면서 행복한 교사로 살고 있다.

친구와

쌍동밤처럼

어깨동무하는 것도 좋지만,

참새떼처럼

짹째글 짹째글

몰려다니는 것도 좋지만.

…… (하략) ……

위와 같은 글을 읽는 방법으로 가장 적절한 것은?

① 운율을 느끼며 읽는다.

② 사실과 의견을 구분하며 읽는다.

③ 문제에 대한 해결 방안을 정리하며 읽는다.

④ 대사에 나타난 인물의 행동을 상상하며 읽는다.

⑤ 인물의 발자취에 담긴 교훈을 생각하며 읽는다.

정답은 ①번. 덜렁이인데다 개념 없는 딸이 "엄마, 왜 ④번은 안 되는 거야?" 한다. 나는 "야! 이거 글의 종류를 돌려서 물어보는 문제잖어! 문항들 딱 보면 모르냐? 으이거~" 하다가…. 열세 살 아이 입장에서 보면, 시 읽을 때 인물의 행동을 상상하며 읽지 말란 법이 없으니, 명색이 대안학교 교사로 직업을 바꾼 사람의 설명치고는 왠지 뒤가 켕겨 한마디 던져 수습한다. "근데, 이거 별로 좋은 문젠 아니다! 틀려도 돼!" 그리고는 과학 시험지를 보면서 "야, 근데 이거 틀린 건 '절대무식'이다!" 우산이끼와 민들레의 차이를 짚어내지 못해 틀린 문제를 앞에 놓고 아이와 나는 깔깔거리며 농담을 주고받는다.

아이는 자라면서 세상을 더 많이 알게 될 테고, 개념도 패턴도 눈에 들어오게 될 것이니, 나는 그것에 성급하지 않다. 아이들의 '무식'은 아직 덜 채워진 공간일 뿐이어서 문제될 게 없기 때문이다. 그런데 이런 면에서 보더라도 요즘 아이들은 무식하지 않다. 오히려 우리가 자랄 때와는 비교도 안 되게 많은 정보를 알고 있다. 그리고 이런 아이들 뒤에는, 더 많이 알고 있는 부모들이 떡 버티고 서 있다.

노는 방법까지 알려 주는 친절한 엄마들

내가 국어교사, 논술강사로 입시교육을 하다가 대안교육이라는 데에 발을 디딘 것은 십 년 전 광명의 창조학교에서였다. 이 학교는 당시 '열린교육' 바람에 힘입어 시작되었는데, 여기 모인 사람들은 문화체험을 중요하게 생각하는 엄마들이었다. 이곳에서 나는 초등학교 아이들과 동화를 매개로 인형극을 만들어 공연하고, 신문 제작도 해보고, 영어연극단 활동에다 주말엔 특별 프로그램을 만들어 온갖 박물관과 정보센터를 쏘다녔다.

2년 동안의 문화센터식 활동으로는 교육의 연속성을 가질 수 없어 재미가 없어진 나는 그 후 좀 다른 생각을 가진 사람들과 만나 지역 방과후 학교를 만들게 되었는데, 이때의 주요 관심사는 생태주의였다. 2001년 첫 문을 열자마자 40여 명의 아이들이 모였다. 여기 모였던 교사들은 생태전문가와 함께 산과 들을 돌며 풀이름과 곤충의 종류를 익혔다. 이 아이들의 부모들은 산과 들로 여행을 가는 대신 주말농장에서 아이들이 땀을 흘리기 원하는 사람들이었다. 유기농으로 농사를 지었고, 아이들에겐 농약과

첨가물이 들어 있지 않은 먹거리를 먹었다. 영양학과 육아에 대해 많은 정보를 가지고 있었고, 학원을 보내는 것보다 산행을 통해 체력을 다지는 데 더 큰 가치를 둔 부모들이었다. 그리고 4년 뒤 발도르프 교육철학을 바탕으로 한 현재의 대안학교를 시작했다.

내가 만나왔던 부모들, 특히 엄마들은 대부분 교육에 대해 많은 정보를 가지고 있고, 거기에다 아이에 대한 헌신성까지 대단한 사람들이다. 더욱이 신세대 아빠들의 세심함이란 말로 다 표현할 수 없을 정도이다. 아이와 잘 놀아 주는 오늘날의 아빠들은 때로는 엄마들보다 더 놀이 정보에 빠삭(?)하다. 하루는 아이와 집 근처 학교 운동장에 산책을 나갔다가 우연히 한 아빠를 목격하게 되었는데, 일곱 살쯤 된 아들이 정글짐에 오르는 걸 곁에서 붙잡고는 세세한 설명을 하고 있는 중이었다. 다리 근육 어느 부위에 힘을 줘야 하는지, 발바닥의 어느 면이 철봉에 닿아야 미끄러지지 않는지, 다리를 옮길 때의 시간차까지…. 그 사람의 직업이 국가 대표선수 코치이거나 체육학과 교수는 아닐 가능성이 많다.

그런데 나는 이 아빠를 보면서 주책스럽게도 우리가 잘 아는 유머의 한 장면이 떠올랐다. "어느 날 밤 한 남자가 으슥한 시골 밭길을 걸어가고 있었어. 그런데 갑자기 뒤에서 으스스한 목소리가 들리는 거야. 앞으로 한 발짝, 뒤로 세 발짝, 오른쪽으로 네 발짝, 왼쪽으로 두 발짝… 온 몸이 얼어붙은 채 목소리가 하라는 대로만 따라하던 남자 뒤에서 갑자기 터지는 귀신의 웃음소리, 히히히! 똥 밟았다!"

노는 방법까지 친절하게 알려 주는 부모들과 함께 자란 요즘 아이들은 그럼에도 잘 놀 줄을 모른다. 엄마한테 허락을 받아야 자기 물건을 친구에게 빌려 줄 수 있다. 대안학교에서도 급식을 하다 낯선 음식이 나오면 그

걸 먹어야 하는지 안 먹어야 하는지 전화로 엄마에게 물어봐야 한다. 나는 가끔 걱정이 된다. 저렇게 하나하나 엄마가 알려 주다가 아이가 나중에 '똥 밟게' 될까 봐.

우리 어머니는 대안학교에서 급식교사를 하고 계시는데, 솔직히 고백해서 요즘 엄마들의 영양학과 조리 지식에 비하면 자격미달이다. 이에 비하면 요즘 부모들은 전문직업을 가지지 않았어도, 대안학교 부모든 이웃집 부모든 모르는 게 없는 것 같다. 육아정보와 발달단계, 아이의 정서적 징후에 대한 지식에서부터 심리 상태와 치료교육에 대해서까지 아는 게 정말 많다. 아이에게 문제가 보이면 바로 치료기관에 등록해서 치료를 받게 한다. 이야기가 상상력을 키워 준다고 하니, 어린이도서관에서 엄마들이 아이를 끼고 앉아 옆 사람은 아랑곳없이 큰 소리로 동화구연을 해주고 있다. 정기적으로 여행을 안 하면 감성과 식견이 자라나지 않을까 봐 어린 아이들을 종일 차에 싣고 먼 길을 다녀오고는 지쳐 떨어져서 정작 집에 와서는 신경질만 부린다. 예술교육, 감성교육 한다며 방학만 되면 있는 공연마다 일정표를 짜 가지고 아이의 쉴 시간, 놀 시간을 앗아 간다. 개구리알, 도롱뇽알 생태를 관찰한다고 봄날 계곡을 온통 다 들쑤셔 놓는다. 수많은 학습이론에 따라 이런저런 교육기관에 아이들을 데리고 다니며 다양한 실험들을 하고 있다.

한편으로는 이처럼 끊임없이 아이에게 유익한 그 무엇을 위해 세상을 샅샅이 뒤지고 있으면서도, 아이의 욕구에는 맥없이 무너지는 게 오늘날의 부모들이다. 이것은 마치 동전의 양면처럼 꼭 붙어 있는 경우가 대부분이다. '아이의 욕구를 짓밟는 것은 죄악이다'라는 신교육적 좌우명을 가슴에 품고 아주 재빠르게 아이의 욕구에 호응하는 교육을 하고 있다. 옆

집 아이가 태권도를 하는 걸 보고 부러운 아이가 "나도 태권도장 가고 싶어." 무심코 한마디만 하면 엄마는 기다렸다는 듯이 동네 태권도장에 아이를 등록시킨다.

취미활동이건 학습이건 모두 우리는 실체 없는 '옆집 아이 교육학'을 실천하고 있다. 과일을 예쁘게 깎고 다듬어서 먹인 아이들은 스스로 씨를 발라내며 사과를 먹을 줄 모르고, 꼭지를 떼 내지 않은 딸기는 맛이 없다고 느낀다. 부모의 손발이 바쁠수록 아이는 게을러지고 감각은 떨어져 간다. 옛 어른들은 귀한 자식일수록 천하게 키우라고 했다. 예전 세대의 무식은, 구체적인 정보만 없었을 뿐이지 실은 문리가 트이고 세상 이치를 아는 무식이었다. 지금 우리 시대에는 무식한 부모들 대신에 헛똑똑이 부모들이 늘어나고 있는 것이 아닐까.

보지도 듣지도 못하는 어른과 아이들

우리 부모들이 애써 얻은 정보와 지식을 제대로 활용하지 못하고 아이의 능력을 키우기는커녕 오히려 숨통을 조이는 데 쓰게 되는 근본적인 이유가 무엇일까? 혹 기다림을 잃어버린 데 있는 것은 아닐까? 요즘 아이와 부모는 모두 기다림의 의미를 잊고 있다. 아이들은 결핍의 경험, 기다림의 경험, 자기 욕구의 진실성을 스스로 확인할 수 있는 기회를 가질 틈이 없다. 그리고 부모는 아이가 넘어지거나 잘못해서 몸과 마음에 상처를 입었을 때 스스로 방향감각을 찾아서 자신의 힘을 키울 수 있게 기다려 줄 여유가 없다. 아이에게 딱 붙어 있으면 부모 눈에도 아이들은 보이지 않는다. 아이를 키우는 부모가 아이를 보지 못한다는 것은 치명적인 일이다. 많은 부모들이 교육에서 가장 중요한 것은

'전달'이 아니라 오히려 '관찰'이라는 것을 놓치고 있다. 한 발 떨어져 아이들을 보는 것의 실질적인 효과를 모르는 것 같다.

우리는 아이들을 말로 교육하는 시대에 살고 있는데, 정작 아이들은 남의 말을 듣지 않는다. 아이들의 귀는 막힌 지 오래되었다. 설득력도 없고 논리성도 없는 맹목적인 설교에 귀를 닫고 자신의 감각을 둔감하게 만들어, 진실한 이야기를 들어야 하는 때조차 귀를 열지 못한다. 우리는 모든 것을 잘하는 아이들이 정작 중요한 딱 한 가지를 못하는 걸 자주 목격한다. 다름 아닌 다른 사람의 말을 경청하지 못하는 것. 누군가가 이야기할 때 자기는 이야기하지 않아야 들을 수 있다는 상식을 자주 잊고 동시다발적으로 지껄여 댄다. 우리는 아는 게 너무 많은 나머지, 사석에서든 공식회의에서든 아는 것과 할 얘기가 너무 많고 다른 사람의 말이 채 끝나기도 전에 자기를 내세워 알고 있는 정보를 알려야 직성이 풀린다.

얼마 전 독일 발도르프 학교의 초등학교 교실에서 참관수업을 할 기회가 있었다. 발도르프 학교의 특별한 교육방법을 배우기 전에 내가 정작 배운 것은, 발도르프 교육철학도 아니고 독일이라는 나라의 문화적 성숙이었다. 그곳에서는 초등학교 아이들도 다른 친구나 어른이 이야기할 때 자신은 입을 닫고 듣는다. 우리가 시급히 회복해야 할 것은 이처럼 진정으로 경청할 줄 아는 문화가 아닐까. 이것은 특별한 교육철학이 있어야만 실천할 수 있는 게 아니고, 그저 상식일 뿐이다. 다른 모든 능력에서 탁월하고 유식한 우리는 바로 이 상식적인 것을 하지 못해 모든 소통에서 실패하고 있다. 많은 걸 알지만, 그 많은 것을 꿰는 단 하나의 실이 없어 화려하고 반짝이는 구슬들이 다 무용지물이 된다. 그 구슬들을 꿰어줄 삶의 통찰과 여유가 없는 것이다.

교육은 양보다 질이다

　　　　　　　대안교육기관을 거쳐 성장하고 있는 아이들의 문제점을 지적하는 목소리가 들려오기 시작한다. 자기의 욕구와 감정 표현은 개성 있고 거침없으나 다른 사람의 욕구에 귀 기울일 줄 모른다고 한다. 욕도 할 줄 모르고 온순한 건 좋은데, 조금이라도 드센 사람이나 환경을 만나면 쉽게 상처받고 그런 상황에서 회복하는 걸 힘들어하는 아이들도 있다. 흥미가 당기는 활동만 찾아서 하다 보니 힘든 것, 재미없는 것 속에서도 배워야 할 것이 많은데 그런 의미를 찾을 줄 모르니 어떻게 이 험한 세상을 살아가겠느냐고 하는 목소리도 있다.

　교사로서 나는 이런 우려 속에 담긴 성장기 아이들에 대한 애정에 고마움을 느낀다. 물론, 이런 아이들이 대안학교에만 있는 것은 아니고 우리 주변 어디에나 있다. 단지 대안학교에서는 다른 곳보다 더 주목을 받고 있을 뿐이다. 그러나 우리 사회에서 불과 십 년이 넘은 대안교육의 성과를 장성한 아이들의 인성적 특성이나 눈에 보이는 능력으로 평가하는 것은 너무 성급한 일이 아닐 수 없다. 대안학교를 경험한 부모들이 쓴 성찰의 글을 빌미로, 대안학교 부모들의 이기심이나 사적인 욕구가 더 큰 문제라고 단정짓는 것도 전체를 가리고 일부분만 강조하는 것이다. 부모의 지식과 앎이 교육적 본질을 훼손하는 문제는 오늘날 한국 사회 전반의 문제라고 봐야 한다.

　열린 교육 속에 성장한 아이들이라서 이런저런 문제를 보이는 것이 아니다. 문제는 우리 사회 전반의 문화 미성숙에 있고, 열린 교육의 내용이 아니라 소나기 퍼붓듯 양 조절을 하지 못하는 어른들의 조절력 부족에 있다. 자신의 욕구가 어디에서 비롯하는지 성찰하지 못하기 때문에 가장 중요한 내 자식을 통찰할 수가 없다. 소나기는 피하고 싶어 우산을 펴게 되지만, 촉촉이 내리는 봄비에는 하늘을 향해 얼굴을 내밀고픈 마음이 일어나기 마련이다. 분명히 교육은 양보다 질이다. 아이들은 햇살과 바람이 통하고 숨쉴 수 있는 공간이 있을 때 피어나는 꽃과 같다. 그것이 모자람과 빔에서 시작되는 생명의 창조력이다.

만족스러운 정서적 경험만이 아이들을 성장시키는 게 아니다. 상처받은 경험, 상처를 받고도 미움을 키우지 않고 그것을 다스려 본 경험이 있는 아이들이 스스로 삶의 목표를 정하고 어려움을 헤치면서 살아갈 수 있다. 그런데 많은 부모들은 아이에게 불만족스러운 정서를 경험시키는 것을 절대악이라고 여긴다. 그래서 늘 아이 곁에 붙어서 친구 사이를 조정하고 사회관계의 재판관 노릇을 자처하지만, 그럼으로써 오히려 아이 스스로 판단하고 조정할 기회를 빼앗는다. 스스로 조절하고 생산하는 경험을 못했기에, 자기가 창조해 낸 보람 있는 결과를 본 적이 없으니 삶에서 의욕적으로 뭔가를 계획할 이유도 없다. 아이는 독립할 나이가 되어서도 독립할 수 없는 존재로 자라난다.

어떤 선진적인 교육실험이나 대안교육의 커리큘럼이 이러한 부모 역할의 키를 제자리로 돌려놓을 수 있을 것인가? 질보다 양을 보는 엄마, 다양한 체험을 깊이 있는 체감보다 우선시하는 엄마, 중요한 일에 쓸 돈을 아껴 아이의 욕구에 당장 호응하려고 하는 엄마가 많아지지 않기를 바랄 뿐이다. 아이가 세상에 두려움을 가지고 있을 때 오히려 두려움을 부추기며 급처방전을 찾아 방황하는 부모라면, 정보를 아무리 많이 갖고 있다 하더라도 어떤 교육적인 힘을 발휘할 수 있겠는가!

'더 많이 알기'를 그치고

　　　　　　　　　　내가 사는 곳은 흔한 아파트다. 덕분에 이웃에서 우리 부모들이 어떻게 아이들을 키우는지 자세히 보고 있다. 이웃 중에 대안학교는 잘 모르지만 훌륭한 부모가 있다. 딸아이 6학년 때 같은 반 남자친구네 부모님이다. 이 아이는 6학년 졸업식에서 유일하게 울었던 녀석이다. 이 아이의 아빠는 진실한 눈과 진중한 목소리를 지니고 다른 아이와도 눈을 맞추고 이야기를 건네는 사람이었다. 그의 엄마는 아이 키우는 생활고를 내게 털어놓으면서도 유머를 잃지 않고 아이를 진심으로 바라볼 줄 아는 사람이었다. 내가 일하는 학교는 도심지에서 그리 멀리 떨어져 있지 않지만, 산과 숲이 있는 공기 좋은 곳이다. 이곳에서 행복하게 생활하도록 여건을 마련해 준 부모님들을 생각하면 가슴이 뻐근할 정도로 고맙지만, 우리 아이들이 이 환경만큼이나 느긋한 마음으로 아이를 지켜볼 줄 아는 여유 있는 부모라는 환경에서 자라나기를 더욱 바란다.

　나는 우리 사회에서 진정한 인간학에 기초한 교육이 꽃피기를 바란다. 이제 그것을 이루기 위해 '더 많이 알기'를 그치고, 땅속에서 언 땅을 뚫고 나오는 제비꽃 줄기로 눈을 한번 돌려 보았으면 좋겠다. 그 생명력이 자신을 어떻게 키워 내는지를 바라보다 보면, 우리는 필시 작은 '무식'을 넘어 더 큰 '앎'에 이를 것이다. 진정한 앎이란 전체를 보는 눈에서 나온다. 전체성 없는 지식은 삶을 파괴한다. 인간이라는 생명을 대상으로 하는 교육도 그래서 생명의 특성에 대하여 제대로 잘 알아야 한다. 생명의 본질은 스스로 자기 자리를 찾아가는 것이다. 생명을 가진 모든 것들은 틈이 있을 때 자신을 피워 낸다. 우리 아이들이 잘 자랄 수 있도록 부모들은 이제 여유를 갖고 관찰하는 지혜를 길러야 한다.

우리는 자유를 다시 찾으려 할 따름이다

다름

　가정에서의 교육은 부모의 삶의 방식과 뗄 수 없는 관계를 맺고 있다. 따라서 부모가 일반적인 경우와 다른 생각과 삶의 방식을 갖고 있을 때는 그 교육이 특별해질 수밖에 없다. 우리에게 학교 없는 생활은 이렇게 해서 이루어졌다. 왜냐면 우리가 그 '다른' 사람들이었기 때문에.

　그렇다면 무엇이 우리를 이렇게 다르게 할까? 거의 모두들 학교 다니기를 당연시하는 이 현실에서 학교 안 가고 살기를 아이들에게 세뇌(우리 아이가 이렇게 부른다)시켜 가면서까지 감행할 정도로.

　먼저 우리는 대부분의 시간을 사람들과 직접적인 접촉 없이 보내고 있다는 점을 들 수 있겠다. 그것은 우리가 삶에서 자연과의 관계를 우선으로 삼고 있기 때문이다. 자연과의 관계는 충분한 고독과 사색의 시간을 필요로 한다. 이 우선적인 관계의 소중함을 서로 이해하는 사람들끼리라면

공양희 _ 30여 년 전 경남 산청 산골로 귀농하여 가족이 함께 배우고 성장하는 삶을 살고 있다.

너와 나라는 영역으로 굳이 금을 긋는 것도 다양함이라는 즐거움의 표현에 불과하리라.

두 번째, 우리가 남들과 다른 점이 있다면, 현재 우리 삶의 방향이 자급자족을 추구하는 쪽으로 가고 있다는 점일 것이다. 물론 오늘날과 같은 급속한 전문화의 세계에서 완전한 자급자족을 이루어 낸다는 것은 불가능에 가깝지만, 우리에게는 삶을 철학화하는 방법론으로 충분한 기능을 하고 있기에, 일상사를 뛰어넘어 통합적인 사고가 필요한 분야에 이르기까지 이 자급자족의 방식을 적용해 보고 있다.

세 번째로 들 수 있는 것은 우리가 가족주의자라는 점이다. 우리가 말하는 가족주의란 가족을 소중히 여긴다 정도의 개념이 아니라 무슨 일이든지 가족이 함께한다, 모든 체험을 가족이 함께 나눈다는 적극적인 개념이다.

앞에서 이런저런 말들을 늘어놓은 까닭은, 이래서야 어떻게 아이를 계속 학교에 보낼 수 있겠는가 하고 변명을 해보려는 의도에서였다. '네가 만일 학교를 계속 다닌다면 우리의 가족주의, 자연주의, 자급자족의 정신은 기초부터 허물어진다. 부모도 인생에서 뭔가 의미 있는 것을 추구할 권리가 있다. 그러니 너도 이해력이 있는 아이라면 설사 네 의견이 좀 다르더라도 이런 부모를 위해, 우리 뜻을 따르도록 노력해 보렴. 부모도 사람이다.' 하는 것이 우리가 마지막 협박을 위해 준비해 둔 카드였지만, 참 놀랍게도 우리 아이는 아무런 저항 없이 이 뜻에 동참했다.

그리하여 사회와의 쓰라리고 달콤한 관계라는 측면에서 아이에게 수많은 체험을 하게 해주었고, 부모에게는 반半국외자라는 준비 단계를 충분히 겪으면서 교육문제에 대해 전반적으로 생각하게 해주었던 6년간의 일반학교 생활을 끝내고 큰아이가 졸업을 했다. 그날, 우리의 가정학교가 문을 열었다고 할 수 있는데, 아직 완전한 학교가 되지 못하고 있는 것은, 이제 두 달 남짓 남은 그 일반학교 생활을 빈틈없이 즐기고 있는 둘째 아이 때문이다.

아이가 학교를 가지 않을 때 가장 염려되는 문제로 떠올랐던 것은 아이가 또래 친구에 대한 갈증을 느끼지 않을까 하는 점이었다. 그러나 이런 내 마음속 불안은 기우였음이 곧 드러났다. 일반인이 되어 버린 우리 아이는 나이를 초월해서 자기 주위의 모든 사람들을 친구로 삼고, 그동안 무관심했던 온갖 존재들에게 시선을 돌리는 쪽으로 문제를 해결해 나갔다.

자연

어떤 아이가 주변 아이들과 다른 생활을 할 때 체험하지 못할 여러 가지 항목을 떠올리며 안타깝게 생각하는 것보다 무슨 특별한 체험을 할까 상상해 보는 것이 정신건강에 좋은 일이리라. 특히 완벽하게 자발성만을 요구하는 시간과 공간이 주어져 있다면.

자, 여기 스물네 시간의 자유로운 낮과 밤이 있다. 낡고 허름한 외딴집이 있다. 마음먹기에 따라서는 가족으로부터도 떨어질 수 있는 외딴 오두막도 있다. 작은 숲들, 작은 구름들, 작은 길과 작은 물길과 고개 너머 산 할아버지 집과 작은 하늘과 새, 구름, 바람, 비, 사춘기에 이른 작은 소녀….

우리는 아이들이 훨씬 어릴 때부터 집안에 있었던 가전제품들을 하나하나 없애 나갔다. 세탁기, 냉장고, 텔레비전, 오디오, 컴퓨터…. 그리고 우리의 일상생활에서는 거의 의미가 없어진 신문이나 잡지도 구독하지 않은 채 지냈다. 우리는 우리가 할 수 있는 만큼의 자연환경을 아이들에게 그리고 우리 자신에게 마련해 주려 했고, 또 그 노력은 계속된다. 물론 결핍이 아니라 자연의 풍요로움을 알아채기 위한 마음의 공간이 되기를 바라면서.

　인간의 손에 의해 만들어진 것이 하나도 없는, 저절로 나타난 모습으로만 둘러싸인 세계, 그 속에 있을 때 우리는 진정 자연 속에 있음을 느낀다. 별빛 가득한 밤, 햇빛 가득한 초원, 빽빽하게 나무가 들어선 어둠의 숲. 세상의 어디까지 가야 그 순수함이 온전하게 남아 있을까. 그 순수함을 찾으려면 또 얼마나 많은 인공의 도시를 거쳐야 할까. 그저 뒷동산에 오르자. 사람들이 잘 다니지 않는 아무 곳이나 나의 장소로 삼자. 마음을 깨끗이 하고 감각을 세우고 외부를 향해 시선을 돌리면 그 속에는 헤아릴 수 없는 생명이 숨 쉬고 있다. 혹은 모습을 감추고 혹은 자신을 드러내기도 하면서, 감각을 하나씩 닫고 자신의 내부로 향해 보자. 의식의 여러 차원이라 부르는 단계의 어느 지점까지 이를 수 있는지. 다시 돌아왔다 다시 떠나가 보자, 그리고 느껴 보자. 내부와 외부로 나누어진 이 세계는 어떻게 분리되고 어떻게 연결되어 있을까. 저 넓은 자연은 내 안의 감각적 반영물인지, 아니면 나라는 존재 역시 자연의 한 일부인지, 저 자연물 하나하나는 모습만큼이나 다른 갖가지 감각과 정서와 의식을 갖고 있지나 않은지, 아니면 우리는 그저 모습만 다를 뿐 결국 동일한 원소로 생성되었듯이 의식의 차원을 하나하나 통과해서 순수의식에 이르면 동일한 존재로 환원되는 것인지.

　자연은 우리에게 현재의 나를 있는 그대로 알게 해주고 더 깊은 의식으로 향할 수 있는 길을 열어 준다. 그리고 자급자족의 삶을 추구해 가는 도정에서 농사짓기라는 문명적 행위로부터 진화해서 채집생활이라는 더 야성적이고 근원적인 삶으로의 복귀를 꿈꾸게 하는 토양이 되어 준다.

가족

외딴곳에 살아서, 또 겨울철 난방의 번거로움 때문에도, 우리는 아이들이 어릴 때부터 줄곧 한 방에서 잠을 잤다. 낮 동안 저마다 생활공간이 다르더라도 밤에는 항상 같이 잠들고 깨어난다. 우리가 다 자란 아이들과 이렇게 생활하는 것을 이상스럽게 보는 이들에게 우리는 '불 가'(hearth, 화로)라는 개념으로 설명할 수밖에 없다. 먼 옛날, 도전과 모험의 하루를 잠시 접고 온 가족이 둘러앉아 서로의 경험을 나누고 애정으로 서로에게 힘을 북돋아 주던 곳. 활활 타오르던 불꽃. 아름답던 그 얼굴들.

큰아이가 집에서 공부를 하고 있는 지금, 둘째 아이의 학교생활이 끝나기를 기다리는 중간 지점에서 우리는 이 잠자리를 주로 가족이 함께하는 공부방으로 쓰게 되었다. 좀 방대하긴 하지만 세계사를 상세하게 기술한 『대세계의 역사』라는 책을 한 사람이 낭독하고 다른 사람들은 듣는다. 책 자체의 역사관부터 주위에서 일어나는 사건의 비유에 이르기까지 저마다 온갖 종류의 비평을 곁들인다. 이 역사 책을 모두 독파하는 데는 상당한 기간이 걸릴 참이라 가끔씩 다른 책을 끼워 넣는데 그중 다니엘 부어스틴의 『발견자들discoverers』은 한 번 읽어 보시라고 권하고 싶다. 현대 문명을 오늘에 이르게 한 천재들 또는 원흉들의 숨은 이야기들로, 개인의 힘이 사회의 요구와 만나 어떤 역사 발전을 이루는가 상상하는 데 영감을 준다.

둘째 아이의 이야기를 해보자. 산골 학교 병설 유치원을 산길 따라 누나하고 다닐 무렵 아이의 장래희망은 '나무꾼'이었다. 그다음 초등학교 일학년 때의 꿈은 '농부'였는데, 한번은 급식 준비를 도우러 학교에 가니 새로 부임한 선생님 한 분이 엄마를 좀 뵙자고 하는 것이었다. 요즘 같은 세상에 장래희망이 이렇게 훌륭한 아이의 부모는 어떤 사람인지, 얼마나 멋진 사람인지 꼭 보고 싶었다는 게 아닌가. 그것이 그토록 훌륭한 희망인지는 잘 모르겠지만, 어쨌든 아이에게 무엇이 되라고 한 적은 한번도 없었다. 학교에서 보내는 설문지에 있는 장래희망이라는 난을 놓고 골머리를 앓는 아이에게, 사람이 어떤 특정한 직업을 가진 사람이 되는 것 따위를 인생의 목표로 삼는다는 것이 얼마나 어리석은 일인가 하고 말해 아이를 더 어리둥절하게 한 적은 많지만 말이다. 여하튼 지금은 아이도, 나는 어른이 되고 싶다느니, 완전하게 살고 싶다느니 하는 철학적 발언도 하고 있지만, 학교의 장래희망 난에는 꾸준히 변화하는 자기를 써 넣는다. 그중에 요리사라는 직업이 몇 년째 등장하고 있는데, 농사가 바쁜 철에 우리 세 식구가 들에서 늦게 돌아올 때면 이 요리사가 솜씨를 발휘한다. 나날이 발전하는 새로운 메뉴들…. 아들을 키우는 보람은 이런 것이 아닌지.

아이들이 자라가면서 우리는 점점 더 가족의 힘을 확인해 가며 즐거워한다. 시골 생활을 시작한 뒤, '자연 속에서의 건강한 삶'이며 '농사를 통한 환골탈태'를 부르짖어도 비웃음을 당하지는 않을 정도로 괜찮았던 우리 부부의 몸도 세월과 더불어 점점 쇠약해지는 기미를 보이는데 마침 아이들이 커준 것이다. 농사철이면 이런저런 일을 다같이 한다. 겨울이면 숲 속에서 나무하기, 장작 패기, 집에 불 때기. 봄철이면 산나물을 뜯으러 이 산 저 산을 헤맨다. 산 너머 아저씨네 염소를 잡으러 가기도 하고, 들판 건너 삼촌 집 지붕을 올리기도 한다. 그 하나하나의 일들이 자기극복과 자기성취의 기쁨을 가져다 주는데, 우리가 함께 경험한 사람들, 함께 읽은 책들과 더불어 같이 경험하고 같이 이야기를 나누는 동안 현실은 하나하나 더 분명한 의미를 가지고 빛나기 시작한다.

자급자족

      '가정학교는 자급자족의 한 부분이자 단계이다'라고 주장하면 어리둥절하게 생각하는 이들이 있으리라. 왜냐면 많은 사람들이 자급자족이라는 개념을 의식주 해결 수준에서 받아들이기 때문이다. 일상사를 내 손으로 해결하고 싶다는 좀 특별한 취미를 가진 사람들이 하는 일이거나 아니면 요즘 한창 각광을 받고 있는 귀농, 생태 분야에서 자급농과 관련해서 퍼지고 있는 경제생활의 한 방식쯤으로 이해한다. 그래서 이러한 생각을 가진 사람들은 자기 손으로 먹을거리를 농사짓고, 물들인 천으로 옷을 지어 입고, 자기 살 집을 손수 지으면서 전문인의 세계 속에서 상실해 버린 생존 능력의 부활을 확인하고는 즐거워한다. 물론 우리도 그랬다. 그래서 이 기초적인 생존 능력의 함양, 그 속에서 얻게 되는 자신감은 우리 아이들이 획득해야 할 필수 교양과목이라, 농사도 짓고 밥도 하고 옷도 만들고 과자도 굽는 일을 열심히 하고 있다. 그래서 무슨 문학책을 읽거나 간혹 보는 영화 속에서라도 이 부분이 확실하게 설정되지 않은 작품은 B급으로 간주한다.

    그러나 좀더 멀리 거슬러 올라가 보자. 원시시대의 부족이나 씨족까지 올라가지 않아도 역사 발전의 전 단계에서 자급자족 경제를 이루며 살았던 영역이 있다. 그 속에서 경제 외적인 나머지 부분을 담당했던 마법사, 전사, 약사. 그들은 누구였을까. 단지 수탈자였을까. 부족 생활에 꼭 필요한 정신적 실제적 지도자였을까. 사회 계급의 윗부분을 점하면서 아랫부분을 점하는 사람들과 단지 작은 부분만을 나누면서 터부 속에 자신들의 실제를 숨기며, 자기만의 비현실적 세계를 추구하는 존재들이었을까.

    어쨌든 이 모든 계급과 남녀는 시대의 흐름을 따라 사회 규모가 확대되면서 카스트와 젠더의 형태로 각자의 역할 속에 갇혔고 현대의 전문화되고 분리된 사회체제로 변화해 간다. 이제 우리는 한 밥상에 둘러앉아서도 정말 서로를 모르게 되었다. 우리를 이어주는 것은 자아라는 모습으로 채 성장하지도 못한 욕망들, 갈등과 엽기로 표현되는 해결의 실마리를 잃은 잠재의식들이다. 서로를 이어주는 것이 식욕밖에 남지 않은 사람들은 서로의 갈등을 객관화해서 완화시켜 주는 텔레비전 드라마를 앞에 놓고 입에 밥을 넣는다.

나는 전사이고 싶다. 가장 무서운 적인 나를 만나고 그 불타는 심장을 진리의 신전에 바치는. 나는 약사이고 싶다. 병과 노쇠라는 처방으로 죽은 영혼을 소생시키는. 나는 마법사이고 싶다. 삶과 죽음을 넘나들며 이 우주의 진리와 인간의 진리를 추구하며 진정한 힘을 획득하는.

교육을 통해 우리가 아이들과 더불어 나아가려 하는 길은 단순한 생존 능력의 획득이 아니라 전인적이고 다차원적인 인격만이 이룰 수 있는 자기완성에의 길이다. 이 과정 중에 잠자고 있던 나의 힘도 다시 깨어나고, 아이들이 지성을 갖추어 감에 따라 누가 가르치고 배우는 자인지 분간할 수 없이 서로가 진리를 찾는 동반자가 되어 자족의 공동체를 이룬다. 어찌 이 소중한 기회를 포기할 수 있으랴.

학습

우리 아이가 학교에 가지 않는다는 소식을 알게 된 몇몇 옛 친구들이 중고등학교 과정의 교과서와 문제집을 잔뜩 싸들고 산골 마을을 찾았다. 세상에는 얼마나 고마운 사람들이 많은지. 친구들의 눈은 반짝이고 목소리는 즐거움에 들떠 있었다. 세상의 아이들과 장차 어떻게 관계를 맺을

지 생각하며, 그 모든 단계와 과목을 우리 아이들과 함께 한번 섭렵해 보리라는 막연한 생각을 갖고 있던 차였다. 대충 그 엄청난 분량의 책 이름과 차례를 훑어보다가 기억의 저편에 물러나 있었던 입시용 책들의 내용이 어렴풋이 떠오르는 순간 희미하지만 확실한 불꽃이 머릿속 어떤 부분에 점화되었다. 아, 이토록 많은 사람들이 이토록 가지가지로 문제를 꾸미며 미친 듯이 우리 아이들 머릿속에 넣고자 하는 것은 그 옛날 서쪽 먼 나라 어디에선가 커리큘럼curriculum이란 단어가 처음 합성되던 그 당시부터 세상의 권력을 쥐는 데 사용하려고 흑마술사들이 서로 싸우다 조각조각 떨어져 버린 진리의 파편들이 아닐까. 그 파편들은 산산이 부서져 때문고 비틀어져 아이들의 눈이 아니라 가슴에 박히고, 사랑의 마음을 잃은 아이는 환상 속의 구원을 얻으러 폭풍 휘몰아치는 얼음의 나라로 '눈의 여왕'을 따라 사라져 가는 것이다. 그 파편들을 주워 모으자. 조각조각 잇고 깨끗이 닦자. 그래서 모든 세상의 진짜 모습을 비추는 마법의 거울로 만들자.

주로 그림을 그리면서 지내던 어떤 시기에 딸아이는 아빠와 더불어 수학 공부를 시작했다. 이런저런 정의에 집중해서 하루에 한 시간가량 같이 읽고는 한 달 만에 중1 과정을 지나갔다.

결론: 이 학생은 수학에 원래 소질이 있으며 극히 논리적임. 개념이 확실한 약속 언어에 대한 파악력이 뛰어나고 이대로 계속 공부하면 수학자가 되든지, 못해도 가르치는 사람은 되겠음. 수학을 좋아하는 드문 경우임.

그래서 우리는 일단 수학 공부를 그만두었다. 수학은 이미 우리 아이 의식의 바로 경계선까지 올라와 있고 늘 논리적이어서 사뭇 융통성이 없어 보이는 이 아이 사고의 기초를 이룬다. 아이가 지금 필요로 하는 것은 훨씬 자연적인 언어, 인간의 몸이라는 생물학적 조건으로부터 생성된 문학

언어의 습득이 아닐까.

지금 아이는 소위 커리큘럼 속의 국어와 영어를 공부하고 있다. 맨 처음에는 우리 아이들이 끔찍하게 좋아해서 한국어판을 거의 외우다시피 한 톨킨의 『반지 이야기』 영어판을 읽고 쓰고 자신의 한국어로 번역해 보는 것으로 시작했는데 일 년이 지나자 그 책 속의 문장구조와 단어를 거의 다 파악하게 되었고, 근래에 친애해 마지않는 소로우의 『월든』에 도진하게 되었다. (이 두 책을 영어로 읽으면서 우리가 읽었던 『반지 이야기』가 일본어 중역이었다는 점과, 아이가 참고서적으로 보았던 그 명문의 『월든』 번역판 속에 많은 오류가 숨어 있다는 놀라운 사실도 알았다.)

시간이 충분해서인지 어쩐지 우리 아이는 무슨 일이든 천천히 한다. 의문이 잘 풀리지 않거나 해도 조급해하지 않는데 공부를 하든 뭘 하든 자신만의 시간은 자신이 관리하며 꾸준히 나아간다. 그러는 사이 어느덧 우리는 아이가 자라고 있음을 느낀다. 미묘한 문학적 표현을 하나씩 이해해 가는 데 따라 사물을 보는 눈이 깊어진다. 우리도 아이가 나아가는 방향으로 공부를 해간다.

같은 커리큘럼을 두고 처음에는 같이 시작했지만 차츰 독자적으로 공부하게 되었다. 이런저런 사전을 잔뜩 준비해 놓고 우리가 접근해 볼 수 있는 언어는 모두 그 음소 하나하나부터 다시 공부한다. 그렇게 공부해야겠다고 처음 생각했을 당시 내 경우 과학science을 영어로 뭐라고 하나 하고 한참을 헤매어야 할 정도로 언어생활에서 멀어져 있었다. 우리는 얼마나 진전을 보았을까….

하고 싶은 말은 우리에게 가정학교란 모든 가족의 배움의 장이라는 점이다. 어른과 아이는 그 통찰력의 양상이 다른데, 같이 공부해 보면 아이들은 언어를 획득하는 데 기쁨을 느끼지만, 어른들은 언어의 본질에 더 관심을 갖는다. 지금 우리가 하고 있는 공부가 언어학으로 발전해 갈지, 인문사회학이나 자연과학을 공부하는 데 확실한 기초학습이 되어줄지 아무도 모르지만 이 경쟁 없는 학교에서 서로를 보완해 가며 공부하는 우리는 즐겁다.

마무리

이제 순수한 부모의 입장으로 돌아와 보자. 공부에는 때가 있고 사람에게는 역할이 있는데 그 많은 복잡한 일을 어떻게 조직하고 꾸려 나가냐고 누가 물어보면 이렇게 말하고 싶다. 글을 쓰다 보니 이렇게 되었을 뿐 사실 간단하다. 우리는 계절에 따라 반드시 해야 할 일상사 말고는 그저 하고 싶은 일을 한다. 우리 자신이 아닌 어떤 조직의 프로그램에 맞추기 위해 아침 일찍 식사를 준비하고, 옷을 챙겨 입히고, 도시락을 싸며, 위에 올라서기 위해 아니 최소한 뒤처지지 않기 위해 전전긍긍하며, 그 모든 비용을 위해 또 다른 조직에게 나를 맡기는 대신,

일어나고 싶을 때 일어나고, 먹고 싶을 때 먹고
알고 싶을 때 알아보고, 일하고 싶을 때 일하고
자고 싶을 때 자는데도 자연의 흐름을 거스르지 않는
타고난 그대로의 사람이면 누구나 가지고 있었던 그 자유를
다시 찾으려 할 따름이다.

두려움은 어떻게 아이들을 실패로 이끄는가

두려움에 적응하는 아이들

대부분의 아이들이 어릴 때 쓰는 전략은 자기중심적이며 방어적이다. 아이들은 거북한 일이나 처벌, 거부, 혹은 신뢰상실을 피하기 위해 나름의 전략을 구사한다. 이런 현상은 특히 학교생활을 어려워하는 아이들한테서 나타난다. 이 아이들의 경우 문제에 부딪히면 얼굴 표정에 생각이 나타나기 때문에 속마음을 거의 다 읽을 수 있다. 내가 맞힐 수 있을까? 아닐 거야. 틀리면 어떻게 될까? 선생님이 화낼까? 다른 아이들이 나를 비웃을까? 엄마 아빠도 알게 될까? 나는 왜 이렇게 바보 같을까? ….

아이들을 겁먹지 않게 하려고 최선을 다한 작은 모둠 수업에서조차도

존 홀트John Holt·편집실 정리 _ 존 홀트(1923~1985)는 30세에 초등학교 교사가 되어 14년 동안 아이들을 만나면서 학교에서 아이들이 어떻게 실패하는지를 깊이 있게 관찰했다. 이 글은 그 관찰 기록을 담은 책 『아이들은 왜 실패하는가How children fail』에서 뽑아 다시 정리한 것이다

아이들은 손해를 미리 만회하려 하고, 무슨 일이 일어나도 자신이 옳았다고 느낄 수 있도록 잔꾀를 부리며, 혹시 틀렸어도 다른 아이들보다는 더 적게 틀렸다는 구실을 찾으려고 한다는 것을 알고는 놀랄 수밖에 없었다. 하지만 나는 그것이 당연한 일이라고 생각한다. 그 아이들은 열 살밖에 안 되었고 자신을 둘러싸고 있는 어떤 선을 넘어서고 싶어 하지 않는다. 재미로 하는 스무고개를 할 때조차 대부분의 아이들은 정답을 맞추는 데, 또 알든 모르든 아는 것처럼 보이려고 하는 데만 열중한다.

이렇게 제한적인 행동양상이 나타나는 것은 대부분 두려움 때문이다. 나는 왜 영리한 아이들이 학교에서 둔한 아이처럼 행동하는지 몇 년 동안 의문을 품어 왔다. 대답은 간단했다. 겁먹고 있기 때문이다. 나는 아이들의 이러한 패배주의가 학교 성적이 나쁜 것과 관계 있는 것이 아닌가 생각하면서 "계속해 보렴. 너도 할 수 있어!" 같은 간곡한 말로 고칠 수 있다고 믿었다.

나는 이제야 공포심과 지능과의 역학관계를 알게 되었다. 공포심은 아이들이 삶을 바라보고 생각하고 행동하는 방식에 영향을 줌으로써 지능을 파괴한다. 따라서 두 가지 문제점에 봉착하는데 우선 우리가 해야 할 일은 아이들을 겁먹지 않게 하는 것이고, 두 번째는 두려움으로 인해 부정적인 생각을 하는 습관을 없애는 것이다.

가장 놀라운 사실은 학교 안에 두려운 것들이 얼마나 많은가 하는 것이다. 그동안 왜 이 문제를 그렇게 소홀히 다루었던가? 아마도 대부분의 사람들은 아이들이 두려움을 느끼고 있는 것을 보고도 그것을 인식하지 못하는 듯하다. 어른들이 조금만 주의 깊게 보면 아이들이 지닌 두려움의 역력한 흔적을 알아낼 수 있다. 칭얼대며 엄마에게 매달릴 때도 문제가 있다는 것은 알지만 그 미묘한 진짜 문제는 알아차리지 못한다. 아이의 얼굴과 목소리, 행동, 공부하는 태도에서 나타나는 징후들로 보건대, 학교에서 학생들 대부분이 공부 시간에 겁을 먹고 있고 상당수는 대단히 두려워한다는 것을 뚜렷하게 알 수 있다.

훌륭한 군인들처럼 아이들은 두려움을 조정하고 함께 생활하면서 이 두려움에 적응한다. 그러나 바로 여기에 학교와 전장 사이의 중대한 차이점이 있다. 문제는 아이들이 공포에 적응하게 되면 아이들의 지능과 능력은 결정적으로 나쁜 영향을 받아 해로운 결과를 가져온다는 점이다. 겁먹은 군인은 오히려 뛰어난 전사가 될 수 있지만 겁먹은 학생은 언제나 형편없는 학습자가 되고 만다.

실패 속으로 도피하는 아이들

게리는 성공의 세계에서 일부러 실패의 세계로 되돌아오는 듯했다. 성공의 세계는 비록 새롭고 달콤한 보상을 주기는 했어도 게리에게는 매우 낯설고 또 위험이 도사리고 있을지도 모르는 것이었다. 실패의 세계에서 게리는 행복하지 않았지만 최소한 마음은 편했다. 나는 이제야 어떤 학생들에게는 실패라는 것이 학교생활을 위해, 또 인생을 위해 어떻게 쓸모 있는 전략이 되는지를 분명히 알게 되었다.

어른들의 인정에 크게 의존하는 아이들은 완전히 성공하지 못할 바에는 완전히 실패하는 것이 최선책이라고 생각할 수 있다. 우리가 원하는 것을 아이들이 하도록 만들기 위해 인정해 주거나 뒤로 미루는 것이 아이들을 고의적으로 실패하게끔 이끌고 있는지도 모른다.

한때 내가 알던 한 아이는 아버지가 자신에게 거는 기대가 너무 커서 그 기대에 전혀 따르지 않기로 결정했다. 그 아이의 아버지는 지역 유지였고 무엇이든 뛰어났다. 하지만 아들은 바람둥이에다 술꾼이 되어 버렸다.

알콜중독자들은 흔히 스스로 설정해 놓은 높은 수준에 도달할 수 없다고 느껴 자포자기한 사람들이라고 한다. 아마도 아이들은 알콜중독자들이 술에서 찾는 피난처를 구제불능의 무능감에서 찾으려 하는 것 같다. 어떻게 아이들로 하여금 실패하는 습관을 버리게 할 수 있을까? 알콜중독자 모임처럼 익명의 실패자 모임이라도 만들어야 할까?

무능력에는 또 다른 이점이 있다. 그것은 당신에게 거는 다른 사람들의 기대와 요구를 줄여줄 뿐 아니라 자신에게 거는 스스로에 대한 희망과 기대도 감소시킨다. 자신이 실패하려고 마음먹으면 한 가지는 분명해진다. 적어도 자기 자신에게 실망하지 않아도 된다는 점이다. 속담에도 있듯이 바닥에서 자면 침대에서 떨어질 염려는 없다.

상벌 없이는 배우지 못한다?

하루는 17개월 된 조카딸이 펜을 잡더니 뚜껑을 밀고 당기고 하다 우연히 뚜껑을 벗기게 되었다. 아이는 그것을 유심히 보더니 몇 번 끼웠다 뺐다 했다. 아이에게는 좋은 놀이였다. 나는 아이가 볼펜 뚜껑을 어찌나 정확히 끼웠다 뺐다 하는지, 유아들은 운동신경이 잘 발달되지 않아 동작이 부정확하다고 말하는 책들을 의심하게 되었다. 적당한 환경에서 흥미를 느낄 때 유아들은 우리가 생각하는 것보다 훨씬 더 많은 능력을 보인다.

조용한 여름날 나는 이 아이를 여러 번 관찰했다. 관찰하면서 가장 생생하게 느꼈던 것은 아이가 한 사람의 과학자라는 점이었다. 아이는 언제나 사물을 관찰하고 실험했다. 한시도 가만히 있질 않았다. 깨어 있는 시간 대부분을 아주 활동적으로 열심히 새로운 것을 경험하고 그것을 이해하려 애썼고, 또 주변 사물이 어떻게 움직이는지 알려고 했고, 그것을 원하는 대로 움직이게 하려 했다.

완전히 실패한 것처럼 보이는 것에도 아이는 매우 집요하게 매달렸다. 대부분의 실험들, 주변 환경을 예측하고 조작하고자 하는 아이의 노력은 소용이 없었다. 그래도 아이는 계속했고 조금도 주춤거리지 않았다. 아마도 이것은 실패해도 자연의 처벌, 이를테면 공 위에 올라서려고 할 때 넘어지는 것 같은 처벌을 제외한 그 어떤 처벌도 따르지 않았기 때문이리라.

17개월 된 아이는 실패에 대해 어른들이나 다섯 살 된 아이처럼 반응하지 않았다. 그것은 아직 실패를 부끄럽고 창피하고 죄스러운 것으로 느끼지 않기 때문이다. 오빠나 언니와 달리 그 아이는 친숙하지 않은 모든 것으로부터 자신을 방어하려고 하지 않았다. 아이는 경험의 세계로 팔을 뻗었고 삶을 끌어안았다.

이 아이를 보면서 나는 외부로부터 어떤 상이나 대가가 없으면 아이들이 배우려 하지 않는다는 일반적인 생각을 믿을 수 없게 되었다. 상이나 벌 없이는 배우려 하지 않는다는 생각, 또는 행동주의자들이 주장하는 긍정적, 부정적 강화는 대개가 이 이론을 주장하는 사람들의 자기충족적 예언에 불과하다. 만약 우리가 위의 개념이 마치 사실인 것처럼 아이들을 다룬다면 아이들도 그것이 사실이라고 믿게 될 것이다. 너무나 많은 사람들이 내게 "만약 아이들에게 하라고 시키지 않으면 아무것도 하지 않을걸." 하고 말한다. 이보다 더 심각한 것은 "만약 누군가가 시키지 않는다면 나는 아마 아무것도 안 할 거예요." 같은 말이다.

이런 말은 '노예의 신조'다. 사람들이 자신에 대해 이렇게 끔찍한 말을 할 때 나는 "당신은 그렇게 확신할지 모르지만 나는 그렇게 생각하지 않아요. 아마 당신도 어렸을 때는 그렇게 생각하지 않았을 겁니다. 누가 그런 식으로 생각하도록 가르쳤죠?" 하고 되묻는다. 거기에는 학교의 책임이 크다. 학교는 이런 메시지를 의도적으로 가르치는가, 아니면 우연히 가르치게 되는 것일까? 나도 모르겠다. 아마 학교도 모를 것이다. 학교는 그것을 믿기 때문에 그것이 사실인 것처럼 행동하지 않을 수 없기 때문에 그렇게 가르치게 되는 것이다.

학습장애와 두려움의 관계

얼마 전에 심각한 학습장애 아이들과 지진아 반에서조차 포기한 아이들을 오랫동안 다루어 온 한 사람이 교사들을 모아 놓고, 읽기를 못하는 아이들에 대한 자신의 연구에서 '실독증(읽기 언어 상실증, word blindness)'이라는 용어를 명명하여 발표했다. 그 이래로 실독증에 대한 이야기가 많이 오고갔다. 전문가들은 뇌 조직이나 구조로 인해 단어를 인지하기 어렵고 불가능하게 되는 아이들이 꽤 있으며, 실독증의 원인은 신경계통에 문제가 있어서라고 생각하는 것 같다.

그것이 읽기 문제의 한 가지 원인이 될 수도 있겠지만 그것만이 유일하거나 가장 큰 원인이라는 주장에는 의구심을 갖지 않을 수 없다. 개인적으로 나는 단어와 같은 기호나 상징에 대한 실독증은 신경계통에 이상이 있어서라기보다 대부분의 경우 정신적, 심리적 문제에 기인하는 것으로 생각한다. 너무 심한 스트레스에 신경과민적 반응을 하는 것이다.

어느 날인가 플루트 레슨시간에 나도 그런 경험을 한 적이 있다. 레슨은 오후 늦게 있었는데, 문제의 그날은 레슨이 매우 어렵고 실망스러웠다. 레슨 전에 긴장되고 유쾌하지 못한 위원회에 참석했었는데 거기서 늦어진 데다 길이 막혀 너무 늦게 도착해서 연습할 시간도 없었기 때문이었다. 게다가 강사도 역시 그날이 힘든 날이었는지 평소와는 달리 인내심이 없었다. 강사는 내가 전날보다 나아진 것이 없자, 대부분의 선생님들이 화가 나면 그렇듯이 그날 배워야 할 악보를 자기가 생각하는 만큼 빠른 속도로 연주하라고 다그치기 시작했다. 나는 멈추고 싶었으나 강사의 단호함에 기가 죽어 그만하자고 하기가 어려웠다. 점점 내 머릿속 압력이 높아지는 것이 느껴졌다. 마치 내 안의 무엇인가가 그 압력을 폭발시키려 하고, 한편 외부의 뭔가가 그것을 안으로 억누르는 듯했다. 내 서투른 연주 소리 외에 또 다른 시끄러운 소음이 들렸다. 그 순간 나는 음표를 하나도 볼 수 없게 되었다. 내 앞에 놓인 악보는 내게 아무런 의미도 없었다. 그때의 느낌을 말로 묘사하기란 어려운 일이다. 그 느낌은 겨우 1, 2초간 지속되었다. 그리고 나는 다시 악보를 볼 수 있었으나 실제로는 보이지 않는 것처럼 느껴졌다. 그런 순간에는 모든 것이 희미해진다고들 한다. 이 말은 사실일지도 모른다. 똑똑히 볼 수 있는 것이 참을 수 없이 고통스러워지면 우리의 눈은 당연히 그 대상에 초점을 두길 거부한다. 악보들이 마치 이리저리 움직이는 것 같았다. 내 앞에 있는 것들이 마치 전에는 본 적도 상상해 본 적도 없는 것 같았다. 그것은 나의 이전 경험과는 완전히 다른 것이었다.

이 충격은 말로 표현할 수 없을 정도로 두렵고 기분 나쁜 것이었다. 잠시 후 나는 플루트를 내려놓고 연주를 멈추었다. 강사는 내가 아주 극한 상황까지 이른 것을 눈치 채고 잠시 짧은 휴식을 허락했다. 그러고 나서는 좀 여유 있는 속도로 계속 진도를 나갔다. 만약 내가 어린아이였다면 휴식이 가능했을까? 그리고 강사가 내게 휴식을 허락하기보다는 더 엄하게 몰아치는 것이 효과적이라고 판단했다면 어떻게 되었을까? (나는 아마 미쳐 버렸을지 모른다.)

음악가들은 내게 악보를 좀더 잘 읽기 위한 최상의 방법은 '걱정하지 말고' 자꾸 읽어 보는 것이라고 했다. 그것은 효과가 있는 방법이다. 나는 아직까지 악보를 잘 읽지 못하지만 그래도 조금씩 나아지고 있다. 음악가들은 또 한 번에 한 음표씩 읽지 말고 여러 개의 음표, 즉 음절을 보고, 노래의 가사, 곡의 내용을 생각하며 읽으라고 했다. 오랫동안 나는 이렇게 하고 있는데 무척 어렵다. 음절을 읽으려 노력하지만 잘 안 된다. 한 번에 음표 하나밖에 볼 수가 없다.

언제가 한 번은 현악 사중주 악보를 보다가 놀랍고 기쁘게도 가끔씩 한 번에 한 음절 전체가 눈에 다 들어온 적이 있었다. 비록 짧은 음절도 있었지만, 노력한다고 그렇게 읽게 되는 것은 아니었다. 난 단지 보았을 뿐이었다. 악보는 늘 거기 있었는데 전에는 보지 못했다. 그런데 지금은 볼 수 있다. 어떻게 된 일일까?

내 생각에는 걱정이 줄어듦에 따라 말초적 시각 능력이 증대된 것이 아닌가 싶다. 두려움, 불안, 긴장은 시야를 좁히는 것 같다. 눈 그 자체에서, 아니면 망막에서 그런 작용이 일어나는지, 또는 시신경에서 뇌로 전달될 수 있는 정보의 양이 너무 많고 복잡해서인지, 뇌가 인지할 수 있는 정보의 양과 시야의 범위 축소가 관련이 있는지 잘 모르겠다. 솟구치는 분노가 우리의 시야를 좁게 한다는 증거들이 나오고 있다.

레오나르George Leonard는 스포츠에 관한 글에서 '경성hard' '연성soft' 시각을 구분짓는다. 경성 시각은 우리가 현미경이나 망원경을 통해 물체를 보거나 공을 겨냥해 칠 때의 시각 같은 것이다. 연성 시각은 한 번에 구장에서 벌어지는 상황을 모두 볼 수 있는 농구 선수처럼, 또는 차례로 돌아가며 공 받는 사람들을 보는 것이 아니라 한꺼번에 그들 모두를 보는 쿼터백처럼, 아니면 필드에서 넘어진 주자가 자기에게로 오고 있는 모든 사람들이 얼마나 빨리 어떤 각도로 오고 있는지를 단번에 다 볼 수 있는 것처럼 넓은 시각 영역에 걸쳐 일어나는 장면을 보는 것이다. 사람들이 심슨 O. J. Simpson에게 어쩌면 그렇게 구장에서 잘 뛸 수 있느냐고 묻자, 그런 질문을 받았던 다른 주자들처럼 그도 그 이유를 잘 모르겠다고 했다. 그는 단지 모든 것이 눈에 보일 뿐이라고 했고, 마치 자기 앞에 길이 뻗어 있는 듯하다고 말했다.

동시에 많은 정보를 입수하고 이용할 수 있는 능력이 넓은 의미에서 지능의 척도가 될 수 있다. 한번은 어떤 회의에서 어떤 사람이 야구선수를 비웃는 듯한 말을 해서, 내가 평균 수준의 박사학위 논문을 쓰기보다 훌륭한 야구경기를 펼치는 데 더 많은 '진짜 지적 능력'이 필요하다고 말하지 않을 수 없던 일이 있었다. 내가 한 말은 여러 가지 반응을 불러일으켰다. 우리가 만약 우리 의지대로 불안을 줄이거나 늘일 수 있는 방법을 찾아낼 수 있다면 그리고 그 불안을 순간적으로 측정할 수 있다면, 아마 우리가 점점 불안해함에 따라 주의력의 범위가 얼마나 줄어드는지를 보여 주는 실험징치를 만들어 낼 수 있을 것이다. 어쨌든 악보를 읽을 때 불안이 줄어들면 주의력의 범위가 넓어지는 것은 분명하다.

나와 음악을 함께 하는 친구들이 권했던 또 다른 방법은 항상 앞서 읽으라는 것이다. 시선을 지금 내 손이 연주하고 있는 부분이 아니라 그다음 부분의 음표에 두라는 것이었다. 책을 큰 소리로 읽을 때는 쉽게 그렇게 할 수 있지만 악보를 볼 때는 어려웠다.

여기에는 분명한 이유가 하나 있고 또 다른 한 가지 이유는 분명치가 않다. 분명한 이유는 내가 연주할 때마다 내 머릿속 선생님 또는 정정자 correcter가 '틀림없이 음표를 제대로 연주했나?'를 묻곤 했다. 다시 말하면 나는 항상 다음에 연주해야 할 음표를 생각하는 것이 아니라 방금 연주한 음표를 생각했던 것이다. 그 버릇은 스스로가 그런다는 사실을 의식해야 고쳐지는 것이었다. 내 시선이 지금 연주하고 있는 부분의 앞에 가 있을 때도 앞질러 보기가 무척 힘들었다. 이것은 부분적으로는 불안이 원인인 것 같은데, 불안은 한 번에 두 가지를 생각하는 것을 불가능하게 만들었다. 하지만 여기에 또 다른 이유가 있었는데(이는 최근에야 깨닫게 된 사실이다), 새로운 악보, 어려운 악보를 읽을 때 눈이 지금 연주하고 있는 음표에 붙어 버리는 것이다. 나는 의식적으로 앞질러 보려고 했으나 매우 어려웠고 너무 불안해졌다.

나는 내 생각과 느낌을 검토하면서 두 가지 점을 찾아냈다. 우선 내가 지금 연주하는 부분의 음표에서 눈을 떼면 다시는 그것을 찾지 못할 것이라는 점을 두려워했다. 연주할 부분을 찾기 위해 악보 전체를 미친 듯이 헤매야 할 것처럼 생각되었다. 만약 내 눈을 압정 삼아 음표를 종이 위에 고정시키지 않으면 음표들이 모두 달아날 것 같은 느낌까지 들었다. 이런 느낌을 알게 되자 어이가 없어 웃음이 터져 나왔다.

이를 깨닫게 되면서 내 눈이 마치 압정처럼 음표를 종이 위에 고정시키려 할 때마다 '자, 이건 단지 종이 위에 잉크일 뿐이야. 움직이지 않을 거야'라고 스스로에게 말했다. 악보에서 눈을 떼도 연주할 부분을 다시 찾을 수 있다고 확신할 수 있는 정도까지 나의 시야를 넓힐 수 있었다. 이따금씩 나는 바로 얼마 전까지만 해도 엄두도 못 냈거나 할 수 없었던 것을 할 수 있게 되었는데, 바로 어젯밤에 드보르작의 〈미국인〉을 연주할 때도 그랬다. 모두 비슷비슷해 보이는 대부분의 곡조를 한꺼번에 보았고 다음에 어떤 곡조가 있는지도 봤던 것이다. 그것은 조그마한 모험이었는데, 효과적이었다. 느린 템포로 연주하니까 손은 손대로 눈을 눈대로 앞질러 연주를 할 수 있었다.

내가 이 이야기를 하는 이유는 책을 잘 읽지 못하는 사람들도 거의 비슷한 느낌 즉, 단어에서 일단 눈을 떼면 단어가 시야에서 빠져나가 다시 어디서부터 읽어야 할지 못 찾게 될 것처럼 느낀다는 것을 강조하기 위해서이다. 이러한 느낌은 많은 사람들 앞에서 큰 소리로 책을 읽어야 할 때, 만약 읽을 부분을 놓치면 선생님께 꾸중을 듣거나 다른 아이들한테 놀림을 당할까 봐 두려워하는 아이들에게 더 심하게 나타날 것이다.

연주해야 할 곡과 같은 곡을 음반으로 들으면서 내가 연주해야 될 부분을 해석하는 것이 내게는 훌륭한 연습이 된다. 이제는 연주할 때 악보에서 눈을 뗐다가 다시 시선을 돌릴 수 있다. 같은 식으로 만일 아이들이 귀로는 녹음테이프를 듣고 동시에 눈으로는 책을 본다면 매우 도움이 될 것이다. 물론 부모가 아이를 무릎이나 곁에 앉혀 두고 책을 읽어 주는 것도 도움이 될 것이다. 의심할 여지없이 아이들은 가끔씩 눈으로 부모가 읽어 주는 단어를 하나하나 좇는다. 그러나 아이들의 눈은 때때로 어디를 읽고 있는지 책장을 이리저리 헤매다가 다시 제자리를 찾아 들어온다. 그러는 사이 아이들은 읽기의 중요한 기술을 배우게 되는데, 만약 불안이 내포된 상황이라면 어떤 상황에서도 이것을 배울 수는 없다.

통제수단으로서의 두려움

오늘 앤디는 나와 함께 길고도 힘든 공부를 했다. 마침내 앤디는 내가 내 준 문제를 풀었지만 나는 그 아이가 뭔가를 배웠다고 생각할 수가 없었다. 앤디는 분명 곱셈의 본질을 파악하지 못했다. 그 아이가 내게 보여 준 것은 실패, 좌절, 불안, 긴장으로 가득 찬 길고도 고통스러운 경험에 대한 기억이었다. 그 아이는 문제를 옳게 풀었을 때, 단지 그 문제에 대해 더 이상 생각할 필요가 없다는 안도 외에는 아무런 만족도 느끼지 않았다.

그 아이는 결코 멍청하지 않았다. 긴장과 불안을 느끼긴 했지만 호기심도 있고 영리하고, 감수성도 예민하며, 작문을 보면 상상력도 풍부하다. 하지만 그 아이는 문자 그대로 겁에 질려 있었다. 그 아이는 사고 작용이 매우 느려서 한 생각에서 다른 생각으로 옮겨가는 사이, 둘 사이의 연관성을 놓쳐 버리는 까닭에 수학을 배울 수가 없었다. 앤디의 기억력은 배운 것을 오래 기억할 수가 없는데 그 까닭은 무엇보다도 그 아이 자신이 스스로 배운 것을 신뢰하지 않기 때문이다. 그 아이는 9+7=16이라는 것을 날마다 처음부터 다시 이해해야 한다. 밤 사이에 그것이 변하지 않았다고 어떻게 장담할 수 있으며 또 끝없이 이어지는 실수 연발에서 또 하나의 실수를 하지 않는다고 어떻게 확신할 수 있겠느냐는 것 때문이다. 여러분은 자신의 생각 중 많은 것이 잘못된 것임이 입증되었을 때 어떻게 자신의 생각을 신뢰할 수 있겠는가?

그 아이가 빠진 실패, 낙담, 두려움의 함정에서 빠져 나올 수 없는 한 아이의 삶은 제대로 꽃필 수 없을 것이다. 하지만 그 아이가 빠져 나오는 방법에 대해서는 알 수 없다. 무엇보다도 나는 그 아이의 인생 선배인 우리들이 진실로 그 아이가 함정으로부터 빠져 나오길 원하거나 하는 건지도 자신이 없다. 그 아이가 두려움을 갖는 것은 우연이 아니다. 우리가 의도적으로 교묘하게 그 아이를 두려워하게 만든 것이다. 그래야 아이의 행동을 보다 쉽게 통제할 수 있고 우리가 시키는 대로 움직일 테니까.

나는 나 자신 역시 아이들을 통제하기 위한 수단으로 두려움과 불안을 얼마나 많이 이용하는지를 깨닫고 몹시 놀랐다. 내 생각으로는 (최소한 바라기는) 우리 반 아이들이 이전 학년 때보다는 두려움이 적은 것 같다. 나는 통제와 압력을 최소화하려고 노력한다. 하지만 교실에서 아이들 행동을 통제하기 위해서 나는 결국 교사나 부모한테 미움을 사지 않을까 하는 아이들의 두려움을 이용한다.

앤디는 두려움으로 말미암아 건설적인 사고와 학습이 거의 불가능하게 된 것이다. 한편으로 나는 이런 두려움을 없애려 노력하면서 다른 한편으로는 그 아이가 너무나도 하기 싫어하는 것을 하도록 만들기 위해 무언가를 해야 한다. 그래서 나는 결국 벌을 주게 되는데, 그런 벌은 내가 없애려고 하는 두려움을 불러일으키는 것이다. 또 아이들은 자기에게 너무나도 익숙한 두려움의 멍에에서 벗어났다고 느끼게 되면 전혀 딴 사람이 되어 마치 석방된 죄수나 고삐 풀린 망아지처럼 행동한다. 아이들은 까불대며 대담해지고 건방져진다. 아이들은 그동안 그들을 힘겹게 했던 어른들을 잠시 동안 애먹이려 할 수도 있다. 그래서 아이들로 하여금 올바른 행동을 하게 하고 학교와 부모를 만족시키기 위해서 나는 다시 아이들에게 두려움을 심어 주어야 한다. 한편으로는 아이들이 두려움에서 벗어나도록 애쓰면서 동시에 두려움을 심어 주다니, 도대체 무슨 짓을 하고 있는가?

우리는 아이들로 하여금 어른들이 하라는 대로 하지 않는 것을 두려워하게 만들고, 또 어른들을 기쁘게 하지 않는 것, 실수나 틀리는 것을 두려워하게 만듦으로써 아이들의 잠재력을 죽인다. 그렇게 우리는 아이들이 모험하고 탐색하고 새로운 것을 시도하는 것을 두려워하게 만든다. 심지어 우리는 아이들이 뭔가 실수를 저질러 먼저 두려움을 갖고 우리를 찾아올 때조차 그 두려움을 이용해 아이들을 교묘하게 조종하여 우리가 원하는 것을 하도록 만든다.

우리는 아이들의 두려움을 없애 주는 것이 아니라 도리어 더 쌓이게 할 때가 많다. 왜냐면 어른들은 아이들이 자신을 어느 정도는 두려워하고 고분고분 말 잘 듣는 것을 좋아하기 때문이다. 우리가 생각하는 이상적인 착한 아이는 어른이 무서워서 말을 잘 듣는다는 느낌을 주지 않으면서 동시에 우리 어른들이 원하는 모든 것을 할 정도로 적당히 우리를 두려워하는 아이들이다.

아이들이 어른들의 지시에 따라 뭔가를 배우는 장소가 학교와 교실이라는 생각을 버려야 하는 중요한 이유는, 지시에 따르도록 강요하고 통제하는 것이 아이들에게 두려움을 심어 주기 때문이다. 두려움을 주지 않고 아이들을 통제할 수 있는 방법이 있으리라고 생각하는 것은 어리석은 일이다.

최근까지 대부분의 공교육에 지대한 영향을 끼쳐온 자칭 진보주의자들은 이것을 인정하지 않았고 지금도 인정하지 않는다. 그들은 아이들을 통제하는 데는 좋은 방법과 나쁜 방법이 있다고 믿는다. 좋은 방법이란 부드럽고 설득력 있는, 교묘하고 친절한 방법이고, 나쁜 방법은 거칠고 잔인한 방법을 말한다. 나쁜 방법을 피하고 좋은 방법만을 고수한다면 아이들에게 아무런 해도 끼치지 않을 것이라고 생각한다. 그러나 이것은 그들의 가장 큰 실수이며 또 그들이 이루고자 하는 개혁이 결코 일어나지 않게 만드는 주요한 원인이다.

두려움이나 고통 없이 아이들을 통제하고자 하는 생각은 환상에 지나지 않는다. 두려움은 통제와 떼려야 뗄 수 없는 관계를 맺고 있으며, 통제에 뒤따르는 피할 수 없는 결과이다. 우리는 때로 공개적으로 거친 말을 하며 위협하고 벌을 주는 구닥다리 방법으로, 때로는 교묘하고 부드럽게 아이들이 어른들에게 기대하는 칭찬이나 찬성을 보류하거나, 어른들 마음에 들게 하면 뭔가 상을 받을 수 있다고 느끼게 하는 세련된 방법으로 아이들을 통제한다.

당신은 경험이 많은 선생들처럼 말이나 몸짓, 표정, 심지어는 미소로도 아이들에게 두려움과 수치심, 죄의식을 느끼게 할 수 있다. 당신은 단순히 아이들이 당신이 시키는 대로 하지 않았을 때 일어날 일에 대한 두려움을 암시함으로써 아이들에게 영향을 끼친다. 이렇게 해서 아이들은 더욱더 인생이 위협으로 가득 차 있다고 느끼게 되며 호의를 가진 좋은 어른만이 그 위협에서 자신을 보호해 줄 수 있고, 어른들의 호의는 금방 없어지는 것이므로 끊임없이 노력해서 얻어야 하는 것이라고 생각하게 된다.

용꿈에서 해방되기

용꿈의 덫

용은 환상의 동물임에도 우리에게 매우 친숙하다. 용이란 말은 일상에서도 자주 쓰이고, 용이 들어가는 낱말도 적지 않다. 용꿈, 용트림, 용두사미, 등용문···. 최근 논란의 대상이 된 영화 〈디워〉는 용의 전설을 헐리우드 식으로 각색한 것이다. 용가리로 실패를 맛본 심형래 감독이 끝까지 용을 물고 늘어진 덕분인지 마침내 '용 됐다'는 말을 듣기에 이르렀다. 관심의 핵심은 용이 아니라 용을 팔아 벌어들이는 돈에 있지만, 애국심 마케팅까지 하면서 용을 쓴 덕분인지 꽤 성공을 거두고 있는 듯하다.

사실 용은 인간들의 욕망을 상징하는 존재다. 승천하는 용은 남들 위에 우뚝 서고자 하는 에고의 동양적 심벌이다. 여기서 '승천'은 매우 세속적인 의미를 띤다. 다른 말로 '출세'다. 동양 문화권에서 돼지가 부의 상징이라면 용은 권력을 상징한다. 임금의 얼굴을 용안이라 하고 앉는 의자를 용상이

현병호 _ 『스스로 서서 서로를 살리는 교육을 여는 민들레』 발행인.

라 한다. 오늘날에도 '용꿈'은 '돼지꿈'과 함께 길몽의 쌍벽을 이룬다. 사람들이 돼지꿈을 더 흔히 꾸는 까닭은 돼지가 용보다 친숙한 동물이어서라기보다 부에 대한 욕망이 권력욕보다 더 우선하고 보편적이기 때문일 것이다. 대개 먹고살 만할 때 감투에 대한 욕망을 갖게 된다.

이른바 위인들의 어머니가 꾸는 태몽의 단골 메뉴가 용꿈이라지만, 대개의 위인전이 후세인들의 꿈을 담은 선의의 조작품인 만큼, 많은 용꿈들이 실제로는 누군가가 밝은 대낮에 꾼 꿈일 것이다. 사실상 용꿈은 잘 때 꾸는 꿈이라기보다 가슴속에 품은 꿈을 가리킬 때가 더 많다. 과거에 일반 백성들의 경우 용꿈은 감히 꾸지도 못할 꿈이었다. 용들의 세계에도 계급이 존재했으니, 용상에 앉아 있는 임금 아래 과거 시험이라는 등용문登龍門을 통과해 관직에 오른 벼슬아치들이 층층이 똬리를 틀고 앉아 있었다. 미꾸라지 백성들은 그 앞에서 머리를 제대로 들지도 못했다.

그러나 용들을 먹여 살리는 것은 예나 제나 미꾸라지들이다. 용들이 없어도 미꾸라지는 살 수 있지만 미꾸라지 없이 용들은 살 수 없는 것이 인간 세상이다. 제아무리 빛나는 여의주를 갖고 있어도 쳐다봐 주는 사람이 없다면 무슨 소용이 있겠는가. 더욱이 오늘날 민주주의 사회에서는 용의 승천 여부가 미꾸라지들의 한 표에 달려 있다. 용들이 미꾸라지들의 눈치를 보지 않을 수 없게 되었다. 물론 옛날에도 민심이 천심이라는 말이 있었고 임금도 민심을 살펴 가면서 정치를 했다. 하지만 용 중심의 사회에서 미꾸라지들은 용들의 시중을 드는 존재일 따름이다.

형식상의 계급제도가 무너진 근대는 용꿈의 대중화를 불러왔다. 민주주의와 자본주의가 손을 맞잡은 사회에서 용꿈은 누구나 꿀 수 있는 꿈이 되었다. 학교제도로 나타난 보통교육 시스템은 모든 아이들에게 용이 될 수 있다는 환상을 심어 준다. 어린 시절 많은 아이들의 장래희망이 대통령인 것도 그 때문일 것이다. 근대 사회는 용꿈꾸기를 은근히 부추긴다. 하지만 '젊은이여 야망을 가져라'는 주문은 어쩌면 기성세대가 젊은이들을 통제하는 전략일지 모른다. 야망을 가진 젊은이는 사실상 기성세대의 질서를 거스르기 힘들다.

우리 사회에서 용이 되는 코스는 정해져 있다. 무엇보다 일류대학 졸업장을 움켜쥐어야 한다. 현대판 여의주인 셈이다. 하지만 그 여의주도 필요조건이지 충분조건은 아니다. 그래도 여의주 없이 용 노릇 하기가 쉽지 않으므로 학력 위조까지 해서 가짜 여의주라도 갖기 위해 안달하는 이들이 적지 않다. 가짜 여의주라도 갖고 있지 않으면 용으로 봐주지 않는 사회에서 대안교육은 무슨 꿈을 꾸는 걸까? 간디학교 아이들이 부르는 '꿈꾸지 않으면 사는 게 아니야'라는 노래 속의 꿈은 용꿈이 아닐 것이다. 아마도 세상을 아름답게 만드는 꿈일 게다. 대안적인 꿈인 셈이다. 세상은 이를 개꿈이라 치부할지 모르지만, 이 꿈이 꿈꾸는 이들을 더 생기 있고 아름답게 만들어 준다면 결코 개꿈은 아니다. 개꿈도 돼지꿈도 용꿈도 아닌 이런 꿈을 뭐라 불러야 할까. 사람꿈?

모두가 용이 될 수 있기라도 한 듯이, 또 용 되는 것이 삶의 근본 목적이기라도 한 듯 용 되기를 부추기는 사회에서 용꿈을 꾸지 않기란 쉬운 일이 아니다. 하지만 다시 생각해 볼 일이다. 모두가 용이 될 수 있을까? 용이 버글거리는 세상은 과연 살기 좋은 세상일까? 그리고 용들은 과연 행복할까? 또 개천에서 용이 나면 좋은 걸까? 용이 태어난 개천은 정말 벗어나야만 하는 곳일까? 개천에서 사는 미꾸라지들은 과연 불행할까? 용들의 들러리가 되기를 그만두고, 용꿈 따위는 개들이나 꾸라 하고, 미꾸라지들끼리 개천을 아름답게 만들 수는 없을까? 21세기 청계천 같은 가짜 개천이 아니라 진짜 살아 있는 개천에서 미꾸라지도 붕어도 메기도 다 함께 행복하게 사는 꿈을 꾸면 안 될까?

개천 출신 용들의 실상

더 이상 개천에서 용이 나지 않는 시대가 되었다. 옛날에는 서울대나 사법연수원에 해마다 개천 출신 용들이 버글거렸는데 이제는 강남 출신 용들만 버글거린다고 한다. 용들의 종자가 달라진 것일까 아니면 이무기들이 노는 물이 달라진 것일까. 예전에 개천에서도 났던 그 용은 어떤 존재인가? 집이 가난한데도 시험을 잘 봐서 서울대 들어가고, 사법시험에 합격해서 판검사가 되면 "용 됐다"는 말을 들을 수 있었으니, 용이 움켜쥔 여의주의 실체는 결국 '출세'였던 셈이다. 여의주를 입에 문 용들 중에는 운 좋게 여의도로 입성하여 출세가도를 달리는 경우도 없지 않았으니, 이는 뭇 용들의 꿈이기도 했다.

개천은 사라지지 않았는데 개천 출신 용들은 더 이상 보이지 않으니, 용들의 세계에 뭔가 큰 변화가 있는 게 분명하다. 더 이상 개천에서 용이 나지 않는 현실은 우리 사회가 안정되면서 점점 사회경제적 신분이 세습되는 사회가 되었음을 뜻한다. 이를 경계하는 목소리들이 심심찮게 들려온다. 신분이 핏줄 타고 세습되는 사회가 바람직한 사회가 아니라는 점은 누구나 인정하는 사실이다. 그런데 이전에는 입시 경쟁이 지금보다 더 치열했고 고액 과외가 기승을 부렸는데도 개천에서 심심찮게 용들이 나왔는데, 왜 이제는 그런 용들이 나타나지 않는 걸까?

사실 용이 되는 길이 지금도 막혀 있는 것은 아니다. 시험을 볼 수 있는 기회는 여전히 공평하게 주어지고, 시험이 이전보다 더 어려워진 것도 아니다. 그 어렵던 본고사도 없어졌고, 보통의 지력을 가진 아이가 웬만큼만 공부하면 객관식 시험에서 점수를 잘 받는 것은 그다지 어려운 일이 아니다. 시험공부를 도와주는 책들은 또 얼마나 많은가. 설령 책 몇 권을 못 살 정도로 찢어지게 가난하다 해도 도서관을 이용할 수도 있고, 하다못해 편의점에서 몇 시간 아르바이트를 하면 책값 정도는 마련할 수 있다.

예전에는 새벽에 신문을 돌리면서 공부해서도 서울대를 가는 고학생들이 적지 않았다. 말하자면 용이 되는 길이 예전에 더 쉬웠던 것은 결코 아니었던 셈이다. 오늘날 이전처럼 개천에서 용들이 나지 않는 것은 여러 가지 원인이 있겠지만, 이제는 개천의 미꾸라지들도 강남의 학원을 다니지 않으면 이길 수 없는 게임이라고 지레 포기하기 때문이 아닐까. 더 이상 미꾸라지들이 용이 될 꿈조차 꾸지 않게 된 것은 아닐까. 용꿈을 포기한 미꾸라지들 중 일부는 대신에 자기 등판에 용 문신을 새기기도 하지만, 등짝의 용들은 어둠의 세계에서나 힘을 발휘할 뿐이다.

하지만 개천의 미꾸라지들이 더 이상 용이 될 꿈을 꾸지 않는다고 해서 그들을 나무랄 일은 아니다. 용이 되는 것이 과연 좋은 일인지 한번 뒤집어 생각해 볼 일이다. 개천에서 용이 나면 누구에게 좋을까? 그 용과 용의 부모형제들은 과연 행복했을까? 그리고 개천에서 놀던 수많은 미꾸라지들은 그 용 덕분에 디 행복해졌을까? 혹 개천에서 난 용만 전문으로 잡아먹는 이들만 좋은 일 시켜 준 것은 아닐까? 판검사가 되어 권력에 조금 가까워진 개천 출신 용들을 노리고 돈을 미끼로 사냥하는 전문 뚜쟁이들도 있었으니, 이 용을 둘러싼 삼각관계는 한때 드라마의 단골 소재가 되기도 했었다.

사실 개천에서 난 용들의 평균 수준이란 것이 그 정도였다. 논다발의 미끼에 걸려들어 허우적거리는 용. 개천 출신 용들의 한계였던 걸까? 이런 용들이 더 이상 나타나지 않는다고 해서 세상이 더 나빠질 것도 없고 달라질 일도 없을 것이다. 이제 뚜쟁이들에게는 개천 출신 용보다 더 좋은 사냥감들이 수두룩하고, 드라마 소재로도 이미 우려 먹을 만큼 먹었으니 방송용 효용가치도 사라진 셈이다. 개천 출신 용들이 사라진 것은 그들의 사회적 효용성이 그만큼 떨어졌음을 방증하는 것이기도 하다.

미꾸라지들을 위하여

　　　　　개천에서 용이 나오지 않는다고 한탄할 일은 아니다. 사회적 신분이 세습되는 것은 어제오늘 일이 아니다. 개천의 용들은 한때 이런 현실을 덮는 가리개 역할을 했을 뿐이다. 그리고 그 몇몇 용들 때문에 수많은 미꾸라지들이 좌절해야 했다. 사실 미꾸라지들이 용꿈을 꾸지 않아도 되는 세상이 좋은 세상 아닌가. 출세가 인생의 목표인 개인들로 이루어진 사회는 결코 살기 좋은 사회가 아니다. 행복은 용이 되어 승천하는 데 있는 것이 아니라 개울 속 '지금 여기'에 있음을 깨우친다면 여기가 곧 하늘임을 깨닫게 될 것이다. 홀로 용이 되어 뒤도 돌아보지 않고 개천을 떠나는 용이 아니라 자신이 몸담고 있는 개천을 아름다운 곳으로 만드는 미꾸라지들이 많아져야 하지 않을까.

　개천의 미꾸라지더러 너희들도 노력만 하면 용이 될 수 있으니 밤잠 자지 말고 공부하라고 다그치는 것은 결코 그들을 위하는 일이 아니다. 시험공부가 도저히 맞지 않은 아이들이 더 많고, 그 아이들에게는 더 나은 길이 얼마든지 있을 수 있다. 그리고 삶에는 출세보다 더 중요한 것이 있음을 깨닫게 도와줘야 한다. 용이란 존재는 알고 보면 환상일 뿐이다. 그런 환상을 좇도록 부추기는 세력은 결코 미꾸라지 편이 아님을 알아야 한다. 사실 용꿈은 미꾸라지들을 통제하는 교묘한 수단이기도 하다. 이제 용꿈에서 해방될 때다.

자기를 배반하게 만드는 교육

당신의 능력을 보여 주세요?

어머니의 헌신적인 자식 사랑은 지역과 인종을 초월한다. 자식이 훌륭한 사람이 되기를 바라는 것은 모든 어머니들의 한결같은 소망이다. 세태의 변화에 따라 훌륭함이 뜻하는 바는 조금씩 변했지만 그 기본은 언제나 올바른 사람이 되어 사회에 기여하는 인물이 되는 것이다. 그런데 격변하는 세태 속에서도 오래도록 지켜져 왔던 이 기본이 흔들리고 있다. 성공을 위한 경쟁이 치열해지면서 인간으로서의 덕목이나 사회에 대한 기여는 설 자리를 잃어 간다. 여전히 '훌륭한 자식을 두는 것'이 소망이라고 말하지만 그 내용은 전혀 '훌륭하지 않은 인간'을 뜻한다. 자신이 몸담고 있는 사회에 대한 관심은 고사하고 인간성마저 상실한 이기적인 입신출세를 훌륭함이라 하고 있는 건 아닌지 되물어볼 일이다.

홍세화 _ 한겨레 논설위원. 『나는 빠리의 택시운전사』, 『세느강은 동서를 가르고 한강은 남북을 가른다』 같은 책을 썼다. 이 글은 '동화읽는어른모임' 강연 내용을 다시 정리한 것이다.

어머니의 사랑이 위대한 까닭은 그 헌신성과 함께 자식이 행복하기를 바라는 진정성에서 비롯되는 냉철함 때문일 것이다. 헌신성만으로 모성을 말할 때 그것은 자칫 무지한 소신주의자를 뜻할 수 있다. 어머니의 냉철함은 점점 더 인간의 삶을 옥죄어 오는 물질의 위협에 맞서 진정으로 행복한 삶을 위한 올바른 좌표를 지키게 하는 것이다. 따라서 어머니 자신이 말하는 훌륭함과 행복함이 의미하는 것이 무엇인지 물음을 던지는 게 무엇보다 중요하다.

훌륭함과 행복함의 의미 찾기는 인간에 대한 본질적인 질문과 깊은 성찰로 어렵지 않게 답을 얻을 수 있다. 답은 결코 먼 곳에 있지 않다. 물질에 휘둘리는 불행한 삶을 살지 않을 수 있는 길은 결국 인간의 행복을 결정하는 가치들을 따르며 사는 것이다. 팍팍한 사회라 하지만 이에 늠름하게 맞서도록 하는 것이 튼실한 가치관이라 할 때, 자식을 훌륭하게 키우기 위해서 어머니의 흔들리지 않는 가치관보다 더 중요한 조건은 없다.

과거에 견주어 가정교육이 사라지고 있다. 사교육을 알선하고 그 비용을 대는 것으로 부모 역할을 다하고 있다는 생각이 학부모의 일상을 지배하는 것은 아닌가 생각된다. '일진회' 등 학교폭력 문제가 불거지면, 온통 화살을 학교로만 돌린다. 학부모들 스스로 반성하는 모습이 잘 보이지 않는다. 아이의 잘못된 가치관에 대한 일차적 책임은 부모에게 있는 것 아닌가? 부모들이 인성 교육과 가치관 교육을 학교에 떠넘겼기 때문에 지금 이런 결과가 나타나는 것이 아닌가 생각한다.

지금 한국 사회는 '존재'에 대한 질문보다 '소유'에 대한 질문이 지배하고 있다. 학부모들의 모습도 그렇다. 나는 귀국했을 때 텔레비전 광고를 보고 무척 놀랐다. '당신의 능력을 보여 주세요', '대한민국 1%의 힘', '당신이 사는 곳이 당신을 말해 줍니다.' 이런 따위의 말이 공중파 광고에 마구 흘러 나오는 것을 보고 엄청난 충격과 비애를 느꼈다. 그런 말들은 사람의 능력과 가치를 오직 소비 능력, 지불 능력으로만 평가한다. '당신의 능력', 그 능력이 무슨 능력인지 토론하지 않았어도 일종의 묵계가 이루어져 있다. 지불 능력이다. 이렇게 사회구성원들의 관심은 온통 '소유'에만 가 있다. 보여 줄 수 있는 물질에만 가치를 부여하고, 사람됨이라든지 지성이라든지 인성 같은 것들은 보여 줄 수 없기 때문에 무가치한 것이 되고 있다.

'보여 주세요'라는 말은 타자 지향, 즉 남에게 잘 보이는 데에 가치를 둔다는 뜻이다. 내면 지향이 아닌 타자 지향이다. 내면 가치를 풍요롭게 하기 위한 모색이 사라지고 있는 사회의 모습이다. '대한민국 1%의 힘', 그 1%는 무엇을 기준으로 한 것인가? 물질을 잣대로 한 1%다. 그러면 나머지 99%는 왜 '1%' 주장에 분노하지 않는 걸까? 선망하기 때문이다. 선망할 뿐, 사회적 분노나 비판적 안목을 잃어버린 것이다.

흔히 한국 사회를(전 세계도 그렇지만) 일컬어 '20대 80 사회'라고 말한다. 국민의 20%가 80%의 부를 장악하고 있다는 말이다. 80이 나머지 20의 부를 나누어 아등바등 살아간다. 사회구성원의 절대다수가 미래에 대해 불안을 느끼며 살아가는 이런 현실 속에서 '20대 80'을 비판하지만 실제로 우리 가치관에는 어떻게 하면 20에 낄 수 있을까 하는 선망만 있을 뿐이다. 그 선망을 매개로 우리 의식은 '20대 80 사회' 정도가 아니라 '1대 99 사회'도 용납하고 있다. 그렇지 않다면 왜 '대한민국 1%의 힘' 따위의 말 걸기에 위화감이나 분노를 느끼지 않고, 왜 비판의식을 갖지 않는가. 자라는 우리 아이들이 어떤 가치관을 형성할 것인가를 생각할 때 슬픔을 느끼지 않을 수 없다. 심지어 노골적으로 '당신이 사는 곳이 당신이 누구인지 말해 줍니다' 같은 말이 공중파를 탄다. 사람이 물질을 평가하는 게 아니라 물질로 사람이 평가받는다. 가치관이 완전히 뒤집힌 것이다. 이런 말들이 버젓이 소통되고 있으니, 인성이니 가치관이니 이야기는 하지만 과연 그것이 정말 살아 있는 것인지 믿을 수 없다.

사회문화적 소양이 얼마나 자리 잡혀 있는가 묻고 싶다. 아무리 자본주의 사회라도 유럽 사회에서는 그런 식의 말은 나올 수 없다. 사회구성원들에게 사회문화적 소양이, 최소한의 인간으로서의 존엄성을 지키려는 항체가 살아 숨쉬고 있기 때문이다. 사회구성원들의 의식이 그런 말 걸기를 배척하기 때문에, 그런 말들은 광고 효과를 얻기보다 도리어 분노와 배반감을 사기 때문에 애초에 나올 수 없는 것이다.

루이비통 가방에 갇힌 사람들

사회구성원들은 이미 잘 알고 있다. 우리 아이들은 이미 존재에 대한 물음보다 소유에 관심을 갖고 있다는 점을. 에리히 프롬이 말했던 '존재냐? 소유냐?'라는 질문과 관련 있다. 우리 아이들이 어떤 가치관을 가지고 자라느냐는 학교교육 이전에 결국 부모가 어떤 가치관을 가지고 사느냐에 따라 규정된다.

파리의 개선문 근처에 '루이비통' 가게가 있다. 몇 년 전만 해도 동양 사람에게는 두 개 이상 팔지 않았다. 한국, 일본, 홍콩 사람이 많이 사 가서 좋긴 하지만 이미지 관리상 좋지 않기 때문이다. 그래서 파리 유학생 사회에 특별한 아르바이트가 생겼다. '루이비통' 가방을 대신 사 주는 아르바이트다. 귀국한 뒤 어느 날 지하철을 탔다. 앞자리에 여성 여섯 명이 앉아 있는데 그중 세 명이 루이비통 가방을 들고 있었다. 아무리 '루이비통'이란 명품을 선호한다 해도 이 정도인가, 한국 사람들은 정말 돈이 많구나 생각했다. '짝퉁'이란 말을 알기 전의 일이었다.

이런 상황에 대해 인문학적 기초, 사회문화적 소양이 조금이나마 있다면 물을 줄 알아야 한다. 과연 무엇이 무엇을 소유하고 있는가? 누가 누구를 소유하고 있는가? 과연 사람이 '루이비통'을 소유하고 있는가? 모든 사람이 그렇게 생각하고 있지만, 달리 보면 '루이비통'이 사람을 소유하고 있는 것이다. 우리 아이들이 나이키 신발, 최신형 엠피스리가 있어야 하고 최신형 노트북이 있어야 한다고 생각하는 것이, 그런 소유욕을 제어하지 못하는 부모의 영향과 관련 있는 것 아닌가. 우리 사회가 얼마나 물신주의에 오염되어 있는지 생각해 봐야 한다.

아이들이 왜 폭력으로 나아갈까? 소유해야 하는데 소유할 수 없는 상황을 억눌러야 하기 때문이다. 존재에 대해 질문을 던지게 하지 않으니까 소유할 수 없는 제약에만 매달린다. 유엔아동권리위원회는 2003년 초에 한국은 "조기교육과 입시교육으로 아동과 청소년의 인권을 침해하고 있다"고 지적했다. 학교라는 교육과정 자체가 인권을 침해하는 억압 과정이라는 것이다. 학생들은 일상적으로 스트레스를 받는다. 이런 것들이 결합돼서 결국 폭력으로 나타날 수밖에 없는 것 아닐까?

프랑스에서 자란 내 두 아이는 유치원, 초·중·고등학교, 대학교, 대학원까지 나왔다. 가난한 외국인의 자식이 그런 교육을 받았다는 것은 무상교육의 혜택을 받았기 때문이다. 운이 좋기도 했지만 학교를 다니면서 차별의식 따위로 마음에 상처를 받은 적이 없다. 가난해서, 외국인이어서 동급생과 반 친구들에게 왕따를 당한 적이 없다. 나는 그런 환경을 만들어 준 프랑스 사회에 고마움을 느낀다. 무상교육제도가 어떤 결과를 사회에 파급시키고 영향력을 주는가를 실감했다.

결국 사회를 지배하는 물신주의 가치관이 부모를 통해서 자식에게 그대로 전달되고 있는 상황이 문제다. 이런 상황에서 어떻게 우리 아이들을 지켜낼 것인가. 어렵겠지만 바로 뒤집어보면 길이 있다. 가치관 형성에서 제일 중요한 건 자율성이다. 결국 아이 스스로 느끼고 스스로 올바른 가치관을 형성하게 해야 한다. 그 길잡이 구실을 우선 부모가 해주어야 한다.

부모가 탄탄한 가치관을 가지고 있을 때 아이도 튼튼한 가치관을 가질 수 있다. 부모가 바람직한 가치관을 갖고 있나 아닌가를 말해 주는 지표는 아이가 초등학교 고학년이 되었을 때 어떻게 교육을 시키는가에서 정확하게 드러난다. 한국 사회가 요구하는 사교육에 휘둘리느냐, 아니면 아무리 천박한 자본주의 사회라 하더라도 부모가 인간으로서 늠름하게 살아가고, 아이들도 그와 같은 가치관만 가지면 아무 거리낄 게 없다고 믿고 사교육 시장에 휘둘리지 않느냐, 그것으로 알 수 있다.

늠름한 가치관이란 무엇일까? 그것은 인간에 대한 질문에서 비롯된다. 사람이 궁극적으로 보람과 행복을 느끼는, 가치를 느끼는 것은 무엇 때문일까? 오랫동안 철학자들과 사회사상가들이 매달린 질문이다. 답은 '자아를 실현'할 때다. 인간은 자기가 속한 사회에서 자기를 표현할 때, 자기를 실현할 때 궁극적으로 보람을 느낀다. 동서고금을 막론하고 긍정적인 행복이나 보람은 소유하는 것, 유복하고 기름진 생존에 있는 것이 아니라, 자아실현을 할 때 나를 이 사회에 표현하고 그려낼 때 찾아온다고 말해 왔다. 동서고금을 통하여 이 점에 어떤 반론도 없었다. 불행히도 누구나 다 알고 있으면서도 실천하지 못하고, 일상을 지배하는 자본주의 덫에 스스로 포로가 되어 그 길을 가지 못하고 있다.

사회구성원 각자가 '나를 사회에 표현하는 것'을 자본주의 사회는 쉽게 용납하려 들지 않는다. 그래서는 자기증식을 요구하는 자본주의가 유지되기 어렵기 때문이다. 오늘날과 같이 효율과 경쟁을 가장 강력한 구호로 내세우는 신자유주의 체제 아래에서는 더욱 그렇다. 자본주의 사회는 사람들이 소유를 위해 살아야 존립할 수 있다. 자본주의 사회는 소유에 대한 추종, 인간의 탐욕을 중대한 가치로 만들면서, 자아를 실현하는 것보다 '기름진 생존'이 삶의 목적이라고 끊임없이 설득하고 강요한다. 자본주의 사회는 자아실현과 생존의 해결을 떼어 놓는다. 실제로, 사람들은 대부분 자아실현이라는 목적을 잊고 기름진 생존 자체가 목적인 양 살아가고 있다.

누구에게나 삶은 한 번밖에 오지 않는다. 자아실현의 모색을 버리지 않고 끊없는 긴장을 유지할 때, 아무리 자본주의 사회라도 자아실현을 하고자 하는 그 사람을 막지 못한다. 자아를 실현하면서 생존력을 얻는 자유인들이 자발적으로 연대한 공동체가 바로 우리가 원하는 사회다. 그것이 해방사회다.

자기배반의 의식화, 자기성찰의 의식화

이 사회를 지배하는 물신과 끊임없이 긴장하면서 자기성숙을 모색할 때 자아실현 능력을 갖출 수 있다. 사실 이 자아실현의 끈을 놓아 버리게 만드는 것은 끊임없이 미래에 대한 불안감을 조성하는 것이다. 이 불안이 사회구성원들 모두에게 자아실현을 포기하게 하면서 나만의 계층 상승을 도모하게 만든다.

사회는 이미 양극화되었고 계층이 고착돼 있다. 빈곤과 추락만 있을 뿐이다. 정규직에서 비정규직으로 비정규직에서 빈곤 노동층으로 추락만 있을 뿐, 계층 상승의 기회는 '로또 복권'에 당첨되는 기회밖에 없는데도 사회구성원 절대다수가 자기 자식에게 이렇게 말한다. "너는 나처럼 살면 안돼!" 그리고 속으로 다들 똑같이 생각한다. "내 자식이 지금 공부를 안 해서 그렇지, 공부만 열심히 하면 스카이(SKY) 대학에 간다. 변호사, 의사될 수 있다."

그러나 실제로 그것이 가능한가? '개천에서 용 난다'는 말은 이미 옛이야기가 되어 버렸다. 옛날에는 경제자본을 갖고 있던 사람이 자식에게 경제자본만 물려주었다면 이젠 문화자본과 교육자본도 함께 물려주는 세상이 되었다. 그래서 사회가 양극화됐는데 사람들은 끝없이 자기 자식만의 계층 상승에 목을 매고 있다.

고대 아테네에는 민주정치가 열려 있었다. 물론 한계는 있었다. 노예가 배제되었고 여성이 배제되었다. 그러나 남성들만 권리가 있었다 해도 가난하든 부자든 한 표였다. 그 상황에서 아리스토텔레스는 '가난한 자들의 지배'를 우려했다. 왜냐하면 어떤 사회든 부자가 다수인 사회는 없기 때문이다. 부자는 어떤 사회든 소수고 다수를 이루는 것은 서민이다. 그렇다면 민주정치 아래 부의 힘은 소수 부자들이 갖는다고 해도 정치적 지배력은 다수 서민의 몫이어야 한다. 가난한 자의 지배, 그러나 그런 사회는 지금까지 존재하지 않았다. 왜 그럴까? 오늘날 '20대 80 사회'에 다 동의하지 않더라도, 부자는 소수고 가난한 사람, 서민이 다수를 차지한다. 그런데 왜 서민들은, 장 자크 루소가 얘기했듯이 "5년에 단 하루만 자유로울 뿐, 계속 지배를 받는가?" 이 비밀이 어디에 있을까?

서민들, 가난한 사람들이 자기들끼리 경쟁하며 다투기 때문이고, 부자에 대한 선망에 사로잡혀 있기 때문이다. '1대 99 사회'까지도 용인할 수 있는, 부에 대한 선망이 있기 때문이다. 한마디로, 우리가 사회를 비판적으로 바라보고 계층·계급이 고착화됐음을 인식해야 하고, 서민들이 이 사회를 온건한 사회로 만들어서 덜 불안하게 사는 길을 함께 모색한다는 인식을 가져야 한다. 가령 유럽 사회의 노동자들은 자기 자식에게 "나처럼 살면 안 돼"라고 말하지 않는다. 대신, 오늘의 노동조건을 바꾸고 사회안정망을 확충하고 무상교육, 무상의료 제도를 확충하기 위해 노력한다. 그 싸움이 나 자신을 위한 싸움인 동시에 내 자식을 위한 싸움임을 알고 있기 때문이다.

한국의 교육은 자신의 처지를 배반하는 의식을 심어 준다. 우리가 다니는 학교 구조를 한번 성찰해 보자. 우리가 다니는 초·중·고등학교, 우리는 이걸 당연한 학교 모습으로 알고 있다. 근대식 학교는 미국을 통해 들어왔건 일본을 통해 들어왔건 그 뿌리는 유럽이다. 그런데 정작 유럽에는 우리가 당연하게 받아들이는 학교 구조가 존재하지 않는다. 왜 그럴까?

이 땅에 본격적으로 학교를 세운 세력이 누군가? 군국주의 일본이다. 군국주의 일본이 이 땅에 학교를 세운 이유는 무엇일까? 첫째로, 일제 천황에게 충성하라는 의식을 심어주기 위해서다. 조선 사람이라는 민족적 존재로서 정체성을 스스로 배반하도록 하는 의식화 교육장인 것이다. 민족적 존재를 배반한다면 계급적 존재를 배반하는 건 당연한 귀결이다. 둘째로, 전시동원체제에 걸맞은 예비 훈련 교육장이다. 셋째로, 식민지 중간 관리자를 양성해서 식민지를 잘 지배하려고 한 것이다.

이런 목적으로 세운 학교는 일반적인 학교가 아닌 군사 학교였다. 즉 우리가 당연하게 받아들이는 학교는 유럽의 군사 학교를 본뜬 것이다. 교문 옆 수위실은 위병소이고, 운동장은 연병장이며, 구령대는 사열대다. 학교는 정확하게 병영의 구조를 갖고 있는데 우리는 이것을 본래 그런 것이려니 받아들이고 있다. 이처럼 권위주의적이고 비민주적인 학교 구조 속에서 어떻게 민주시민 의식을 형성할 수 있을까? 실제로 초등학교에 처음 입학하여 배우는 것은 병사들처럼 줄서기다. "앞으로 나란히!" 타율적인 질서의식을 강조하고 경쟁의식을 강조하는 구조가 우리의 학교인 것이다.

해방 이후에도 일제 때 세워진 학교의 틀은 그대로 이어지고 내용만 바뀌어 왔다. 일제 천황에게 충성하자는 의식을 심어 주다가, 분단 이후에는 반공의식, 안보의식, 질서의식, 국가경쟁력 의식을 심어 주는 곳이 되었다. 한국 땅에 태어나면서 특수한 임무, '민족중흥의 역사적 사명'을 띠고 태어난 이 나라 사람들은 자신의 행복을 추구한다는, 존재의 당연한 요청을 배반하도록 교육받았다. 교육과정에서 심어진 의식은 계급적 존재나 민족적 존재에서 벗어난, 자기 존재에 상응하는 의식이 아니라, 교육과정과 대중매체를 장악하고 있는 지배계급이 요구하는 의식이다.

우리네 학교에서 자유의식, 평등의식을 길러 주는가? 연대의식, 사회정의, 공공성, 노동의 가치에 대한 의식을 길러 주는가? "공중질서를 지키자"에서 볼 수 있듯이 주로 타율적인 질서의식만 함양할 뿐이다. 비판의식 없이 경쟁의식만 부추기는 교육을 받으니 결국 기존 질서를 따르고 경쟁에서 승리한 소수를 따르는 의식을 갖게 된다. 비판적 안목은커녕 기존 체제, 기존 질서에 자발적으로 복종하는 의식만 남는다.

결국 우리의 과제는 학교 교육과정과 대중매체를 통해 생긴 자기배반의 의식을 책과 토론을 통해 자기성찰의 의식으로 바꾸는 데 있다. 누구든 한국 사회에 대해 비판적 안목을 나름대로 갖고 있다면 학교와 대중매체를 통해 그리 된 것이 아니다. 그럴 가능성은 거의 없다. 어떤 특별한 계기가 있어야만 그때까지 가지고 있던 생각에 질문을 던지게 되고, 그 과정을 거쳐야만 비판의식을 가질 수 있게 된다. 독서와 토론이 우리에게 더욱 중요하게 제기되는 이유가 여기에 있다. 교육과정과 대중매체를 통해 형성된 의식을 벗겨 내야 한다.

신자유주의 사회에서 존재에 대한 질문 던지기

학부모와 교사가 늠름한 가치관을 갖고 있을 때 아이에게도 늠름한 가치관을 갖게 할 수 있다. 자아실현이라는 목적을 잊지 않도록 긴장하고 모색하는 길은 다른 데 있지 않고 책에 있다. 책은 인류가 지금까지 어떤 역사를 갈구하고 어떤 지혜를 발견해 왔는지, 사람의 내면을 어떻게 알아 왔는지 알게 하는 창문이다. 책은 세계와 만나는 창이다. 오늘, 과거, 미래, 인간의 내면 세계, 지혜와 만나는 창문이다. 오늘날 사람들은 이 창문을 열지 않고 있다.

한국은 특히나 인문사회과학 책을 읽지 않는다. 대학생들을 자주 만나지만, 존재에 대한 질문을 던지지 않기 때문에 책을 읽지 않는 자신을 돌아보지 못하고 있다. 이성의 성숙, 통찰, 비판적인 안목, 인문 정신을 갖추는 것이 자아실현을 위한 능력과 조건이다.

신자유주의는 경쟁과 효율을 구호로 내세운다. 그리고 사람의 탐욕을 긍정화한다. 지금까지는 남에 대한 배려, 동정, 양심, 공공성에 바탕을 둔 제도로 어느 정도 탐욕을 제어해 왔는데 신자유주의는 그런 장치를 배제시켜 버렸다. 간디는 "신은 이 땅의 모든 사람의 요구를 충족시켜 줄 수는 있지만 단 한 사람의 탐욕도 만족시켜 줄 수 없다"고 했다. 신도 충족시켜 줄 수 없다는 개인의 탐욕을 신자유주의는 가치로 내세우는 것이다.

신자유주의 사회에서 사회구성원들은 왜 인문사회과학을 멀리하고 책을 멀리하는가? 신자유주의는 자기 성채를 방어하는 자기완결 구도를 갖추고 있다. 신자유주의를 비판하는 바탕이 되는 인문 정신을 신자유주의는 '비효율'이라고 말하고, 폐기처분하고 퇴출시킨다. 그리하여 오늘날 '대학이 산업이다'라는 논리가 관철되는 지경에까지 이르렀다.

이미 많은 사회구성원들이 자아실현이란 목적을 포기해 버렸다. 한국의 사회구성원들은 일생에 거쳐서 오직 두 번 긴장한다. 대학 들어갈 때 한 번, 취직하기 위해 또 한 번, 그뿐이다. 그 외엔 긴장도 하지 않고 공부도 하지 않는다. 자기성숙의 모색이 죽은 사회인 것이다.

그러나 누구에게나 한 번밖에 오지 않는 소중한 삶을 아름답고 참되고 진실되게 가꾸려는 자기성숙의 모색, 또 그것을 통한 자아실현, 삶에서 이보다 더 중요한 것이 무엇일까? 이 성찰적 질문은 올바른 가치관 형성을 위한 기본 전제이다.

엘리트 교육의 허와 실

무엇이 엘리트 교육인가

한국 학생들의 살인적인 수업량은 모두 알고 있는 바다. 고등학생은 물론 심지어 초등학생까지도 아침에 나가 학교와 여러 학원을 전전하다가 깊은 밤이나 돼서야 인생의 고뇌를 가득 담은 표정으로 파김치가 되어 집으로 돌아오는 것은 너무나 낯익은 풍경이다. 그런데 올해 들어서 '0교시 수업' 도입에 '학원 24시간 수업 허용' 등 흉흉한 소문이 나돌고 있다. 학교와 학원이 무슨 편의점인가. 학생들은 환한 전등 아래 잠도 못 자고 알만 까는 양계장의 암탉인가. 이에 대한 비판의 소리가 높은 것도 당연하지만, 나는 이러한 관습의 효율성에 더 관심이 간다. 수업을 많이 들으면 과연 그에 비례해 학생의 머리가 더욱 깨고 똑똑해지는가.

홍기빈 _ 글로벌정치경제연구소 소장. 고교 시절 형편없는 실력에도 불구하고 입시제도의 맹점과 학력고사 당일의 운수에 힘입어 서울대학교 경제학과에 '잠입'한 이후로 교육제도 전반, 특히 엘리트 교육에 대해 관찰할 기회를 갖게 되었다. 쓴 책으로는 『아리스토텔레스, 경제를 말하다』, 『소유는 춤춘다』 등이 있다.

몇 년 전 스웨덴에 갔을 때 스톡홀름대학의 학생 활동가들과 두어 시간 이야기를 나눌 기회가 있었다. 스무 살을 갓 넘긴 그 젊은이들은 스웨덴 정치와 경제의 역사, 노동운동과 사회복지 시스템의 논리와 한계점, 그것의 급진적 해결 방식에 대해 해박한 지식은 물론 보통 책에서 찾아보기 힘든 독창적인 견해까지 술술 풀어놓았다. 대화 도중에 엉뚱하게도 내 머리에 자꾸 어른거렸던 것은 서울 대치동 길가에 주욱 늘어선 각종 학원이었다. 그곳에서 온종일을 보내는 한국 학생들은 교실에 앉아 수업을 받는 시간이 기껏 오후 3시면 학교에서 돌아오는 같은 나이의 스웨덴 학생들에 비해 두세 배는 족히 될 것이다. 그렇다면 한국 대학생들이 지금 내 눈앞에서 막힘없는 영어로 지식과 생각을 풀어놓는 이 젊은이들에 비해 응당 '두세 배'는 똑똑해야 할 것이 아닌가. 그렇지 않다는 것은 우리 모두 알고 있다. 그런데도 이 자명한 현실은 모르쇠한 채 '경쟁력'이니 '학력 향상'이니 하면서 계속 수업 시간만 늘려서 가엾은 학생들을 아주 잡으려는 생각은 어디서 나온 것일까.

최근 '국제중학교' 소동이 벌어지면서 이러한 추세는 더욱 가속화될 모양이다. 이를 추진하는 이들의 사고방식에는 지난 십 년간 '좌파 정권'의 잘못된 '평등주의' 때문에 교육의 질이 떨어졌다는 생각이 들어 있다. 그래서 이 전 지구적인 경쟁과 효율의 시대에 마땅히 이 땅의 교육도 능력 있는 학생들을 추려 내어 앞서 나가게 해주는 '엘리트 교육'을 중심으로 재편해야 한다는 것이다. 그렇게 되면 이 가뜩이나 살인적인 수업량은 초등학생들에게까지 확장될 것이다. 이 땅에 '아동'은 사라지고 '수험생'만 그득하게 될 판이다. 여기서 생각해 볼 필요가 있는 말이 있다. '엘리트 교육'이란 도대체 무엇인가? 교육열 높기로 소문난 한국과 일본의 경우를 생각해 보자.

2차 대전에서 승리하여 일본에 진주한 미국 점령군은 일본제국대학의 교육 수준을 보고서 경악을 금치 못했다고 한다. 당시 아직도 학문적으로 영국이나 독일의 대학에 열등감을 느끼고 있었던 미국인들로서는 일본제국대학의 시설과 교수와 학생의 수준이 그에 못지않음을 보고 놀라지 않을 수 없었을 것이다. 이러한 사정은 사립대학에서도 크게 다르지 않았을 것이다. 게이오대학 창립자 후쿠자와 유키치福澤諭吉 스스로도 엄청난 '엘리트'였거니와, 그의 저서 『문명론의 개략』을 읽게 되면 어떻게 칼 차고 머리 묶고 자란 사무라이 청년이 서양 문명의 정수를 이토록 순식간에 파악할 수 있었는지 경악하지 않을 수 없다. 그런 그가 일본 제국의 장래를 맡을 뜻있는 젊은이를 키울 '의숙義塾'으로 시작한 것이 게이오대학이니까.

어째서 그랬을까. 메이지유신 이래 급속도로 근대화를 추진하던 일본의 지배층이 목표로 했던 것은 서양 열강과 견줄 수 있는 독자적인 국가 건설이었다. 따라서 그들이 키워 내려 했던 '엘리트'는 단순히 말 잘 듣고 시험 잘 보는 학생들을 뜻하는 것이 아니었다. 국가 전략이나 국가의 사상적 기초와 같은 근본적인 문제까지 스스로 생각하고 관점을 가지고서 새로운 문제들과 도전이 왔을 때 스스로의 힘으로 풀어 나갈 수 있는, 그야말로 '실력 있는' 학자와 관료와 기술자들을 키워야 했던 것이다. 그래서 '치안법'이 시퍼렇던 기간에도 제국대학 내에서는 거의 완전한 사상의 자유가 보장되어, 학생들과 교수들은 마르크스나 좌파 사상도 얼마든지 공부하고 토론할 수 있었던 것도 이러한 이유에서였다고 한다.

한국의 경우는 어땠을까. 한국의 지배층들이 목표로 삼았던 것은 그렇게 '서양 열강과 어깨를 견줄 수 있는 국가의 건설'과 같은 원대한 것이 아니었다. 어차피 대한민국의 국가라는 틀은 냉전과 미일美日 관계라는 큰 틀에서 벗어날 수 없는 것이었으니까. 그저 급속한 경제발전과 사회질서 유지 정도가 고작이었다고 볼 수 있다. 따라서 그들이 필요로 하는 '엘리트'라 하는 것도 그렇게 영어, 불어, 독어를 모두 익히고 철학과 서양 고전을 독파한 문과생도 아니었고, 자기 힘으로 물리학과 수학의 새로운 혁신을 열어 갈 수 있는 독창적인 자연과학도도 아니었다. 그저 영어로 된 각종 매뉴얼(여기에는 기술적 지침서뿐만 아니라 미국 학계에서 '표준화'된 교과서나 학계 정설들을 정리해 놓은 서적도 들어간다)들을 정확히 익히고 그것을 한국에서 틀림없이 재현할 수 있는 정도의 능력을 가진 이들이면 되고, 그 수가 많아야 한다. 한마디로, '중저가의 엘리트 다수 양성' 정도가 될 것이다. 그래서 한국의 '엘리트 교육'이란 사실 대학 들어가기 전 중고등학교에서 일본 동경대학 본고사 시험문제를 가져다 놓고 학생들을 '조져대는' 것으로 충분했으며, 대학에서의 엘리트 교육이란 사실상 존재하지 않았다. 서울대학교는 일제 강점기의 '경성제국대학'의 후신이거니와, 학창 시절 도서관에 갈 때마다 경성제대 시절의 장서 목록과 서울대학 시절의 장서 목록이 그 질과 양에서 얼마나 격차가 나는가를 보고 충격을 받은 기억이 있다.

학생의 머리와 생산함수

지금 일본의 엘리트 교육을 찬양하고자 하는 것이 아니다. 21세기라는 시대는 몇몇 머리 좋은 사람들이 이끌어 갈 수 있는 그렇게 어수룩한 시대도 아니거니와, 일본의 엘리트 교육이라는 것도 과대평가할 것은 아니었으며 또 전후 미군정의 '교육개혁' 이래로 그 질이 현저하게 떨어진 것도 사실이니까. 하지만 이러한 두 종류의 엘리트(독자적인 지적 능력을 갖춘 엘리트와 '중저가 엘리트')는 그 양성 과정이 사뭇 다를 것임은 쉽게 알 수 있다.

사람의 머리는 인간이 아는 것들 가운데 가장 미묘하고 예측 불능의 존재이다. 청소년의 머리를 깨우고 지성과 감성을 발달시켜 스스로 생각하게 하는 일은 '영혼의 산파술'이라고까지 불리는 까다롭고 지난한 작업이다. 그러려면 무엇보다 아이들의 지적·감성적 상태를 머리와 가슴으로 깊이 이해해야 하고, 그 속에 숨은 향상과 발전의 가능성을 극대로 끌어낼 수 있는 방법을 주의 깊게 찾아야만 한다. 이 정도의 완벽한 교육을 시스템으로 다 구현하기는 힘들겠지만, 그래도 창의력과 독창성을 갖춘 독자적 사유 능력을 가진 엘리트를 키워 내는 과정은 이러한 원리를 바탕에 두지 않을 수는 없다. 필요한 원자재에다 시간만 때려 박으면 그게 생산이라는 생각은 댐이나 운하, 빌딩, 공장 등을 세우는 경우에나 적용된다. 무지막지하게 외우고 패는 것만으로 그러한 엘리트 양성 과정이 이루어지지는 않는다. 이는 지금 프랑스의 그랑제콜 등에서도 볼 수 있는 바이다.

그런데 '중저가의 엘리트'의 경우는 다르다. 이는 그저 필요한 원자재에다 시간만 때려 박으면 생산으로 이어진다는 생각대로 댐이나 운하, 빌딩, 공장을 짓는 식으로 생산하면 된다. 펄 벅의 소설 『대지』를 보면, 어린 아들을 서당에 보내는 아버지가 훈장님에게 신신당부하는 말이 나온다. "이 아둔한 놈의 머리에 글자를 넣으려면 그저 한없이 때리는 수밖에 없습니다. 어르신, 부디 매를 아끼지 마십시오." 지금 같으면 비웃음을 사거나 자칫하면 호되게 경을 칠 이런 생각이 그 시대에는 지배적인 '교육'의 패러다임이었나 보다. 상급자가 일하는 이들을 그저 쥐어 패는 것이 고작이던 농경시대 생산관계의 지배적 패러다임을 옮겨온 것인 셈이다. 이제 세상이 산업시대로 바뀌었다. 이제 뵘바베르크의 생산 이론처럼, 노동(학생의 머리)과 토지(학원과 학교의 교실)라는 기본 요소를 놓고 거기에 '시간'만 무한정 때려 박으면 얼마든지 원하는 생산물(학력과 좋은 대학)을 얻을 수 있다는 사고 방식이 이 시대의 지배적인 교육 패러다임이 된 셈이다. 물론 삽질 혹은 '공구리' 치던 가락을 살려 무작정 학생들을 건축 현장 원자재처럼 이리저리 '조져' 대는 일이 벌어지면, 원하는 교육은 얻지 못하고 대신 학생들의 머리만 실제로 '공구리'처럼 단단해질 공산이 크다.

돌 세대가 돌 세대를 낳는 시대

최근 논란이 되고 있는 '국제중학교'라는 엘리트 양성 계획이라는 게 바로 그 '중저가 엘리트' 양산이라는 한국적 엘리트 교육의 21세기 판이라고 볼 수 있을 것 같다. 엘리트라고 법석 떨며 키워 내고자 하는 대한민국의 '동량'이라는 것이 사실상 고작 미국 대학에 들어갈 수 있고 또 미국 박사 학위 받을 수 있는 사람에 불과하다는 게 보이기 때문이다. 교육과정 내용 자체에 어떤 혁신이 있고 학생들의 창의력과 독창성을 키워 낼 어떤 계획이 있는가는 아무런 이야기가 없다. 그저 국어 외의 모든 과목을 영어로 가르친다는 것뿐. 그런데 이게 정말로 '엘리트'인가. 이런 사람은 태평양만 넘어가면 일 년에 몇백만 명씩 양산되고 있지 않은가. 심지어 하버드, 예일 같은 대학을 나온다고 해서 엘리트인가. 그 또한 일 년에 몇천 명씩 양산되고 있지 않은가. 이 사람들이 사회에 나가서 좋은 대우를 받는 직장을 얻을 수 있다는 의미에서라면 '엘리트'라는 말을 쓸 수도 있을 것이다. 그런데 한 국가가 교육정책의 대계를 결정하는 의미에서의 '엘리트'가 고작 이런 뜻인가. '중저가 엘리트'의 특징은 돈만 주면 얼마든지 시장에서 구해다 쓸 수 있는 '인력'에 불과한 존재라는 것이다. 표준화된 생산 공정으로 일 년에 수천 수만씩 쏟아져 나오는 '노동력'. 이 '인력시장'을 준비하는 과정이 고작 우리의 엘리트 교육이고 이것 때문에 나라 전체가 이렇게 내홍을 겪어야 하는 것인가.

하지만 어쩌겠는가 싶다. 이렇게 그저 '미국에서 대접받을 수 있는' 정도의 능력을 갖춘 사람을 하늘 같은 '엘리트'로 떠받들고, 또 그런 정도의 교육을 우리 교육이 나아갈 바라고 믿는 것이 현재 이 사회의 '엘리트'들인 듯하기 때문이다. 따지고 보면 이들 자신이 지난 시절 이 무지막지한 20세기식 생산함수가 지배하던 60~70년대를 거치면서 그렇게 머리를 '공구리'로 만든 이들이 아닌가 싶다. '석녀石女'라는 옛말에서 보듯, 원래 돌은 동서를 막론하고 새끼를 낳지 못하는 것의 대표적인 심상으로 등장하는 존재였다. 이제 2008년 한국에서는 그 반대로 돌 세대가 돌 세대를 재생산하는 진풍경이 벌어지고 있다. 지난 30년간 스웨덴이 학문, 사회운동, 문화·예술, 국제정치 등에서 배출한 인물들의 수와 한국이 배출한 인물 수를 한 번 생각해 본다. 참고로 스웨덴의 인구는 9백만 명이 채 되지 않는다.

끝으로 한마디 덧붙인다. 학부모들 중에는 '국가적 엘리트'고 뭐고 어쨌든 미국 대학에서 성공할 수 있으면 한국 사회에서는 큰 대접받을 수 있는 정도는 되니까 어쨌든 내 자식은 그런 '엘리트'로 만들면 된다고 생각하는 이들이 많을 것이다. 그래서 이 '묻지마' 영어교육과 국제중 열풍(사실 출세욕일 뿐 교육열도 아니다)이 사그라지지 않는 것이리라. 나는 개인적으로 이 정도의 성공 모델도 과연 얼마나 갈까 의구심을 갖게 되었다. 캐나다에서 8년 동안 관찰한 바, 이 외국 출신의 '중저가 엘리트'들이 현지 사회에서 성공할 수 있는 문이 대단히 좁다는 것이다. 당장 '7막 7장'이니 하버드 대학

수석 졸업이니 하면서 강남 학부모들에게 대표적인 성공 모델로 여겨지던 이도 지금 한국으로 돌아와 고작 서울 강북 어디 지역구의 평범한 국회의원이 되어 있다.

지금 대학 교육은 전 지구적으로 확장되면서 영어권 대학 졸업자들의 숫자는 가히 폭발적으로 늘어나고 있다. 지금 우리 아이들이 장성했을 때에도 영어 좀 잘하고 외국 대학 졸업장이 있다는 것만으로 큰 이점이 되는 시대가 계속될지는 아무도 장담할 수 없다. 아마 더욱 현명한 길은, 아이들을 생산함수의 블랙박스로 처넣는 대신 창의력과 독창적 사고방식을 갖추도록 키우는 일이 아닐까 싶다. 이는 국가적 차원의 정책으로 가면 더욱 절실해지는 이야기일 것이다.

그 많던 날라리들은 다 어디로 갔을까

좀 지난 일이지만, 바에 가서 처음으로 테이블이 아닌 바에 앉았던 적이 있다. 친구와 나는 반쯤은 장난삼아 반쯤은 단순한 호기심으로, 영화나 드라마에서 본 분위기를 내 본다고 거기에 앉았다. 그렇다고 어떤 큰 기대를 가졌던 것은 아니다. 그곳은 유명한 바와는 거리가 먼, 어디서나 흔히 볼 수 있는 조그맣고 평범한 곳이었고, 바텐더들이 화려한 쇼를 보여 주거나 독특한 이벤트를 선보이는 곳도 아니었다. 그럼에도 그날이 기억에 남은 것은 어느 동갑내기 바텐더와 나눈 대화 때문이다.

처음에는 우리들의 이야기에 끼어들어 시답잖은 화젯거리를 던지는 그에게 간신히 대답을 해주는 수준이었다. 그런데 어느덧 대화는 무르익고 신변잡기 이야기판이 펼쳐졌다. 사실 우리는 다소 주저하는 태도를 버리

서주희 _ 10대와 20대를 착실한 범생이로 살아왔지만 30대와 40대에는 진정한 날라리로 도약하기 위해 준비하고 있다. 안정된 직장을 다니면서 가끔씩 사소한 일탈행위를 해서 주변을 가볍게 흔들어 놓기도 한다고. 평범한 일상을 범상치 않은 시선으로 잡아내는 작가가 되는 것이 꿈이다.

지 못한 채 그의 말에 적당히 맞장구치고 있었기 때문에, 대화를 한다기보다는 '듣고' 있었다는 게 맞겠지만. 지금은 평범한 대학생, 짐작컨대 중고등학교 때는 상당한 날라리였음직한 멀끔하게 생긴 동갑내기 청년이 들려주는 일상생활 이야기는, 대학에 들어가면서부터 희미해진 어떤 기억을 상기시켰다. 그 기억은 이를테면 이런 질문과 관련된 것이다.

"그 많던 날라리들은 지금 무엇을 하고 있을까?"

날라리와 모범생의 공통점과 차이

중고등학교의 교실 속으로 기억을 더듬어 들어가 보면 교실에서 모범생과 날라리의 세력 구도는 명쾌하지 않은 구석이 있다. 모범생과 날라리는 언뜻 보면 가장 이질적이며 반대되는 세력처럼 보인다. 모범생이 선생에게서 위임받은 드러나는 권력을 기반으로 양지에서 활동하는 세력이라면, 날라리는 또래 집단 사이에서 인정받는 암묵적인 권력을 기반으로 음지에서 빛을 발하는 존재이다. 그러나 그 두 집단에게는 공통점이 있다. 모범생과 날라리 모두 교실에서 가장 튀는 존재라는 점이다. 쉽게 말해 그들은 주류다. 교실이라는 공간 속에서 이 두 주류는 존재감이 없거나 분위기 못 맞추는 뻘소리를 잘해 은근히 따를 당하는 비주류와는 다른, 차별적인 자신만의 영역을 가지고 있다.

물론 날라리와 모범생의 우정이 각별한 경우는 찾아보기 힘들다. 날라리의 눈에 선생 말에 순응하고 공부와 입시라는 학교체제에 가장 잘 적응한 모범생이 곱게 보일 리는 없다. 모범생의 눈에도 날라리는 대체 미래에 뭘 하려고 저러는지 알 수 없는, 대책 없는 문제아일 뿐이다. 그렇지만 적어도 그들은 서로를 함부로 대하지는 못한다. 그들은 서로의 삶에 어떤 존중감을 부여한다. 그 존중감은 불과 책상 하나 떨어져 앉아 있는 동갑내기의 행태가 자신과는 너무나 다름에도 불구하고, 그 녀석이 일관성 있고 확고하게 자기 방식을 고수하며 종종 다른 이들로부터 추종을 받기도 하는 것을 무의식적으로 감지하는 데서 나온다. 그래서 모범생과 날라리가 서로를 대하는 감정에는 자기와 다른 삶의 방식에 대한 거리 두기, 경멸, 그리고 부러움과 존중감이 뒤섞여 있다.

고등학교를 우수한 성적으로 졸업한 후 좋은 대학을 마치고 3백만 청년 실업의 시대에 괜찮은 직업에 안착한 나는, 별것 아닌 모험담을 호기롭게 들려주는 동갑내기 바텐더 앞에서 쭈뼛쭈뼛하며 잊고 있던 모범생의 기억을 되살려 냈다. 청소년기에 일탈행위였던 음주, 가무, 연애 등이 이제는 더 이상 날라리의 전유물이 아님에도 불구하고, 그래서 날라리가 그들의 삶의 철학과 사례 일부를 얘기해 주어도 이제는 별것 아닌 시답잖은 것이라고 생각하면서도, 여전히 자기와 다른 방식으로 살아가는 생생한 이야기는 무시하고 넘어가지 못하곤 한다. 자기가 간 길에 대한 약간의 찜찜함과 가지 못한 길에 대한 아쉬움을 완전히 숨길 수 없기 때문일까?

그렇다면 날라리는 어떨까? 그에게 고등학교 생활은 어떤 의미로 남아 있을까? 어른들이 늘 귀가 따갑게 얘기해 왔듯, 이제야 땅을 치고 후회하고 있을까? 왜 내가 그때 공부를 열심히 하지 않았는지를?

"저는 다시 학생 때로 돌아간다고 해도 공부는 안 할 거예요. 대신 하나를 잡아 정말 열심히 할 거예요. 스케이트보드든 그래피티든."

'참 현명하다'고 생각했다. 이렇게만 가면 자신의 삶이 궁극의 이상으로 이르는 줄 알고 영어, 수학, 국어 입시 과목 위주로 골고루 공부한 숱한 모범생들은 어느 순간 그 길의 끝에 아무것도 없다는 것을 깨닫고야 만다. 그러면서도 그 걸어온 길, 정해진 길, 안전한 길 위에서 자칫 벗어날까 두려워, 대학에 들어와서도 사회에 나갈 때도 남들이 뭘 하는지, 뭐가 대세인지 뭐가 안전한지가 최우선의 기준인 데는 변함이 없다. 그건 일종의 습관 같은 것이다.

날라리 되기 연습

고등학교를 졸업하고 대학에 들어가면서 그리고 사회에 진출하면서, 나는 점점 날라리라는 존재를 잊게 되었다. 대학에 간 범생이들이 기존에 날라리만 누려 왔던 각종 유흥 활동들을 자신도 즐긴다고 호기롭게 내세우면서, 날라리와 범생이의 구분이 애매해지기 시작한 것이다. 그러나 어떤 특정 활동을 하고 안 하고가 범생이와 날라리를 구분하는 것은 아니다. 대학에 들어가서 술집을 자유롭게 출입하기 시작한 범생이는 어느 순간 '정신을 차리고' 다시금 범생이 본연의 자세로 돌아갈 것이기 때문이다.

대학에서 취업에 이르는 또 하나의 힘든 여정에서 다시금 고등학교 때와 똑같은 논리와 법칙이 활개를 치고, 이 경쟁은 잠깐 한눈판 모범생들을 잔인하게 탈락시켜 버린다. 여기저기 들려오는 취업난의 위협은 아무것도 보이지 않는 암흑 속으로 자신을 던져 본 일이 없는 모범생들을 다시금 불안하게 만든다. 그래서 대학만 가면 뭐든 할 수 있다고 말하는 사람들은, 우는 아이한테는 선물을 안 준다며 달래는 산타클로스 할아버지 같은 거짓말쟁이라는 것을 이제는 알고 있지만, 이 관문을 넘으면 또 다른 관문이 기다리고 있다는 것을 알면서도 다시금 그 좁은 관문으로 질주한다.

날라리 역시 나이가 들고 철이 들면서 이제는 모범생과 같이 그 관문으로 질주하고 있는지도 모른다. 그래서 날라리가 점점 사라지고 있는 건지도 모른다. 그러나 내가 아는 본연의 날라리는 적어도 모범생이 갖지 못한 어떤 것을 가지고 있다. 그것은 안전함에 대한 위기의식으로 자신을 옭아매지 않는다는 것이다. 이 땅의 모범생들이 배워야 할 것은 날라리의 외양과 겉으로 보이는 행동이 아니라 날라리의 이러한 마음가짐이 되어야 할 것 같다. 남들 다 가는 길을 따라가서는 아무것도 얻을 수 없고 아무것도 만들어 낼 수 없고 어떤 새로운 무엇도 없다는 건 너무 당연한 결론이 아닐까.

그런 의미에서 내게 '날라리 되기 연습'은 단순한 일탈이나 잠깐의 방황이 아닌 장기간에 걸친 프로젝트이다. 그것은 내 일상 속에서 내가 좋아하는 것, 내게 소중한 것을 찾아 나가고 그 솔직한 욕구를 억누르지 않고 충족시키고 실현시켜 나가는 것이다. 나는 많은 범생이들이 '날라리 되기 프로젝트'에 참여했으면 좋겠다. 그래서 우리, 어쩔 수 없는 범생이일지라도 날라리 앞에서 더 이상 쭈뼛쭈뼛하지 않고, 대범하게 때로는 무모하게 스스로의 욕구와 감정을, 꿈을 표현하고 실현하는 용기를 발휘해 나가는 거다.

자기를 사랑하는 일의 어려움과 기쁨

_안경장이 스피노자를 생각하며

박사 대신 요리사를 선택한 선배

얼마 전 아는 선배가 칠 년 가까운 유학 생활을 청산하고 한국으로 돌아갔다. 늘 꼼꼼하게 챙겨 주고 이것저것 자상하게 설명을 잘해 주시는 분이라, 우리는 행정적인 문제가 생겼을 때나 집주인과의 관계에 이상이 생겼을 때, 컴퓨터가 고장이 났을 때같이, 어설픈 외국 생활에 이상 전선이 올 때마다 선배를 찾아가서 도움을 받곤 했다. 꼭 어려운 일이 아니더라도 우리는 때때로 추석이나 연말, 혹은 '그냥, 누가 왔으니까'를 이유로 그 집에 모였다.

오랜만에 얼굴 보고 술잔도 기울이고 그 집 귀여운 딸이 자라는 것을 보는 것 말고도 그 집에 가는 또 다른 즐거움은 정말 맛있는 '음식'들에 있었다. 무슨무슨 샐러드, 탕수육, 깐풍기, 홍어회, 구절판, 낙지전골 등 한국에

김세희 _ 프랑스에서 교육학을 공부하고 돌아와 지금 프레네 교육에 관한 논문을 쓰면서 프레네 교육 운동에 참여하고 있다. '연구하는 실천가–실천하는 연구자'를 꿈꾼다.

서도 해먹기 쉽지 않은 맛난 음식들이 늘 푸짐하고 근사하게 준비가 되어 있어, 모임 때마다 우리는 배가 터지도록 먹으면서 한국 음식에 대한 해갈을 할 수 있었다. 타국에서 이런 음식을, 그것도 이렇게 맛있게 먹을 수 있다는 것이 그저 신기하고 만족스러워서, 유학생들을 위해서 요리책 한 권 내시라고 하면, 그냥 웃어넘기셨다.

그 선배가 한국으로 돌아가는 비행기 표를 끊었다고 했을 때, 우리 모두는 의아했다. 논문 발표를 하셨다는 얘기도 못 들었는데, 그 지난주에 만났을 때도 아무 말씀 안 하셨는데, 아내랑 딸은 이곳에 계속 남는다는데 도대체 무슨 일인지….

출국 이틀 전, 가족들과 선후배가 모여 파리에서는 마지막이 될 모임을 가졌다. 음식보다는 포도주랑 맥주가 많이 쌓여 있던 술자리에서 선배는 입을 열었다. 사실 일 년 전부터 하던 공부 그만두고 요리 학교에 다녔노라고…. 조리, 제빵 그리고 포도주 과정 다 끝내고 얼마 전에 레스토랑에서 실습도 마쳤다고, 이제 한국에 돌아가서 이 분야에서 자리를 잡아 보려고 한다고.

놀라웠다. 농담 반 진담 반으로 요리책 좀 내보시라고 했었지만, 그래도 막상 박사 공부 때려치우고 요리를 선택했다니 쉽게 믿어지지가 않았다. 짧게는 프랑스에서만 육 년, 길게는 대학에서부터 이십여 년 넘게 공부해 온 분야를 접은 것이다. 어렸을 때부터 공부를 잘해서 소위 말하는 일류대학에 들어가고, 거기서도 공부 잘해 대학원 가고 조교도 하고 강의도 오래 해서 지금은 그 제자들이 공부하겠다고 이곳에 와서 '선생님' 하고 인사를 한다는데, 그 선생님이 이제 요리사의 길을 가겠다는 것이다. 요리사가 어떻다는 것이 아니라, 우리 나이로 마흔이 넘었는데 '불혹'이라는 그 나이에 새로운 것을 시작한다니, 그것도 공부만 해온 사람이 말이다. 그냥 힘들어도 조금만 더 하면 학위를 받을 수 있을 텐데, 지금까지 투자한 것이 아깝지도 않나, 서운한 마음과 함께 순식간에 이러한 생각들이 뒤섞였다.

그런데 가만히 보고 있노라니, 선배 모습이 어딘가 달랐다. 뭐라고 할까, 자유로워서 홀가분한 모습이라고 할까. 예전에 만났을 때 자주 느끼던 어딘가 피곤해 보이는 모습, 뭔가 불만이 있는 듯한 모습, 오랜 외국 생활에서 으레 나타나는 것이려니 했던 표정들은 보이지 않았고, 옆에 있는 사람에게까지도 전달될 것 같은 활기가 느껴졌다. 왠지 자신 있어 보였다. 진정으로 좋아하는 것을 찾았다는 것, 그것을 위해 다른 것을 과감하게 버렸다는 것, 그와 함께 자신을 둘러싸고 있는 타인의 시선과 부담을 벗어 버렸다는 것이 사람을 이렇게 달라지게 하는 건가 하는 생각이 들었다.

우린 가끔 자신을, 혹은 다른 사람을 바라보면서 그런 생각을 할 때가 있다. 저 사람한테 저건 잘 안 맞는 것 같다는. 잘은 모르지만, 무엇보다도 그 사람이 자신이 하고 있는 일에 '갇혀' 있다는 느낌을 받을 때 그런 생각을 하게 되는 것 같다. 선배를 보면서도 가끔 그런 생각이 없었던 것은 아니지만, 그럼에도 대다수의 사람들처럼 그냥 '해내리라'고 생각했었다. 그러나 선배는 진짜 현명한 사람이었나 보다. 자신의 인생을 사랑할 줄 알고, 자신이 원하는 것을 위해 가진 것을 '올인'할 줄 아는 사람이었기 때문이다.

그리고 보면 선배는 요리를 정말 잘했다. 살림을 했다 하는 웬만한 주부들보다 월등히 나을 뿐만 아니라, 같은 요리법이라도 선배가 하는 것은 확실히 더 맛있고 맛깔스러웠다. 요리는 정성이라는데, 재료를 손질하고 다듬고 자르고 하는 손놀림이 여간 섬세한 것이 아니었다. 확실히 타고난 재능이 있었고 그걸 발휘할 줄 아는 능력이 있었다. 그럼에도 선배는 '남자'였고, 공부를 너무 잘했으며, 부모님의 기대를 한 몸에 받는 맏아들이었기 때문에 요리에 대한 자신의 재능을 쉽게 발견할 수 없었겠고, 행여 발견했다 하더라도 그 길을 고집할 수 있는 여건이 되지 않았을 것이다. 주변의 기대에 맞게 좋은 대학에 들어가고, 전세금 털어 유학을 올 정도로 그 분야의 전문가가 되고자 이십여 년을 노력했지만, 이느 순간 그 길 위에 있는 자신이 행복하지 않다고 느꼈을 것이다.

그간에 쌓아 온 모든 것을 버리고 이제부터 새로 시작하겠다는 용기를 내기까지 선배는 얼마나 많은 시간을 고민했을까. 어떤 것이 가장 발목을 잡았으며 또 어떤 것이 결정적으로 등을 떠밀었을까. 아마도 선배가 제일 먼저 버려야 했던 것은 세상의 잣대가 아니었을까 싶다. 남들은 어떻게 생각할까, 경력은, 월급은, 명예는…. 내가 아닌 다른 것들로 구성된, 벗어 버리기 쉽지 않은 세상의 잣대가 선배를 강하게 눌러 왔을 때, 자신의 남은 삶에 대한 애착과 이제라도 진정한 나로서 살아 보자는 강한 의지가 그걸 떨쳐 버릴 수 있게 해주지 않았을까. 자신의 의지로 선택하지 않은, 혹은 실수로 잘못 들어선 길, 그래도 끝까지 가볼 것인가, 아님 이제라도 나에게 맞는 것, 진정 내가 좋아하는 것, 나를 신명나게 해주는 것을 하면서 살 것인가를 고민했을 것이다. 바로 그곳에 행복이 있기 때문에 말이다.

그래서 선택은 중요하다. 우리의 삶은 크고 작은 선택의 순간으로 엉켜 있을 뿐만 아니라, 시간이 흐르면 흐를수록 선택한 것을 물리기는 더욱 어려워지기 때문이다. 하나를 선택한다는 것은 다른 하나를 포기한다는 것이기도 하고, 그 선택에 뒤따르는 책임을 감수한다는 것이기도 하다. 그래서 선택은 신중히 해야 하고 무엇보다도 나 자신이 해야 하는 것이다.

선택의 책임은 내가 진다

문득 우리들에게 중요한 선택의 기로였던 대학 입학원서를 쓰는 날이 떠오른다. 학력고사 거의 마지막 세대였던 우리는 재수는 불가능하다는 암묵적인 동의 아래 (자신의 적성이나 희망보다는) 그간의 모의고사 점수에 따라 지원할 대학을 정해야만 했다. 그때 우리는 어리다는 이유로, 혹은 자신이 원하는 것이 무엇인지 실은 잘 모르기 때문에(우리가 받은 학교 '교육' 속에서 이걸 발견한다는 것은 쉽지 않은 일이었다) 타인의 도움, 혹은 개입을 받아들여야만 했다. 그것이 얼마나 중요한 순간인지 깨닫지 못한 채 우리 인생에 대한 선택권은, 세상을 더 살았다고 하는 인생의 선배에게, 혹은 세상에서 나를 가장 사랑한다는 사람에게, 또는 내 앞날을 진정 걱정한다는 사람에게로 넘어갔다.

여자에게 차별 없는 안정된 직장으로는 교사가 최고라며 교대를 권유하시는 부모님 때문에, 평소에 선생님이라는 호칭 한번 입에 올리는 일이 없던 친구가 당연하다는 듯이 교대에 갔다. 지금쯤 올망졸망한 초등학생들을 만나고 있을 그 친구는 정말 아이들을 사랑하는 선생님으로서 그 직업을 천직으로 느끼며 교단에 서 있을까. '차별 없는' 직장에서 '차별 없이' 아이들을 대하며, '안정된' 교직 생활에 만족하며 살고 있을까. 과연 그 친구는 자신의 딸에게도 '여자한테는 교사가 최고의 직업이라며' 교대에 가야 한다고 말하게 될까.

미술에 재능이 있고 그것이 좋아서 가출까지 해가며 미대에 원서를 냈는데, 결국 어머니께 들통 나 재수를 한 후 전도유망한 컴퓨터학과에 들어간 친구, 엄마가 '미술은 대학 가서 취미로 실컷 하라'고 했다는데 그게 잘 안 되더라며 눈물을 글썽이던 친구도 떠오른다. 그 친구는 지금 또 어떻게 지내고 있을까. 세상을 억울하지 않게 살려면 법을 알아야 한다는 부모님의 권유로, 생각도 안 해본 법대에 들어가서 2학년을 세 해 동안이나 다녔던 또 다른 친구는, 과연 지금 세상이 '억울하지 않다'고 느끼며 살고 있을까.

반면 이런 친구들도 있었다. 공부를 꽤 잘한 친구가 담임이 원하는 학교에 가기 위해서는 사범대를 지원해야만 했는데, 교사가 될 의향이 전혀 없었던 그 친구는 얼른 시골에 달려가 부모님께 억울함을 호소했었다. 한복에 지팡이를 짚으셨던 나이 지긋하신 그 친구의 아버지는 교무실에 들어와 냅다 소리소리 지르셨다고 한다. 내가 선생 만들려고 이렇게 고생해 가며 아들 키운 줄 아냐고…. 이 아버지께서 말씀하셨던 선생은 분명, 자신의 성과와 명예를 위해 학생의 적성과 의향은 뒷전에 놓는 바로 그 담임 같은 사람을 가리키는 것이었을 것이다. 용감하신 아버지 덕분에 이 친구는 대학의 간판이 아닌 원하는 학과를 선택했고, 원서를 다시 써 주던 담임은 이렇게 말했다고 한다. "너 대학 졸업할 때쯤이면 내 말 안 들은 것 후회하게 될 거다. 사범대학이라도 ○○ 대학을 나와야지, 니가 아직 세상을 몰라서 그래."

성적 때문에, 취업할 때 학교의 인지도 때문에, 학교와 담임의 명예 때문에, 개인의 열정과 적성과 그곳에서 보내게 될 소중한 시간들은 뒷전에 놓인다. 딱 한 번밖에 주어지지 않는 젊음을, '직장'을 위해, 평생 날 따라다닐 '간판'을 위해, 나중에 행여나 억울하지 않기 위해, 맞지도 않는 옷에 나를 맞추기 위해 애쓰면서 보낸다는 것은 정말이지 너무 억울하지 않은가.

선택의 순간은 잠시지만 이후의 인생은 계속된다. 누구의 도움으로 좋은 선택을 했다 하더라도 그 선택으로 주어진 길을 걷는 것은 나이고, 내

스스로 그릇된 선택을 했다 하더라도 그 책임을 지는 것도 역시 나 자신이다. 우리에게, 세상의 잣대는 자신의 행복만큼 중요한 것이 아니고 우리가 보내고 있는 이 시간은 결코 다시 주어지는 것이 아니라는 인식이 있을 때 적어도, 우리는 자신을 위한 최선의 선택을 할 수 있을 것이고 그 선택에 뒤따르는 고통이 닥쳤을 때도 쉽게 포기하거나 쓰러지지 않을 것이다. 그리고 그렇게 선택한 자신의 길을 묵묵히 걷는 사람에게는 기쁨과 자유의 향기가 느껴질 것임이 분명하다.

자유인 스피노자처럼

'내가 지금 신바람이 나 있는가?' 이것은 내가 지금 잘 가고 있는가를 보여 주는 간단하고 명쾌한 질문이다. 좋아하는 것을 하는데 어찌 신이 나지 않을 수 있겠는가. 공부하는 사람은 도서관 가는 길이 즐겁고, 요리하는 사람은 신선한 재료를 구해 음식을 만드는 동안 신이 나야 할 것이다. 그러나 현실로 돌아왔을 때, 우리는 현실이 그렇게 호락호락하지만은 않다는 것을 인정해야 한다. 그 현실은 우리에게 '미술은 취미로, 공부는 취업 잘되는 컴퓨터'로 해야 할 것을 강요하기도 하고, 눈 딱 감고 '나 죽었소' 하고 살면 학위를 쥐어 주기도 한다. 이 현실은 신바람 나게 살고 싶은 우리들을 방해하는, 그 길을 선택하려는 우리들의 발목을 잡아당기는 것들이다. 그래서 더욱 우리는, 선택의 순간에 가졌던 자신만의 순수한 초심을 잃지 않도록 경계해야만 할 것이다.

이 문제에 대해서는 너무나도 잘 알려진 한 철학자의 잘 알려지지 않은 이야기를 나누는 것으로 대신할까 한다. 그에게 부유한 사람으로, 유명한 장인으로 편안히 살 수 있는 길이 있었다는 건 물론 이 글에서 말하고자 하는 요점이 아니다. 하지만 우리는 정말 위대한 사람은 어떤 사람인지 이 토막글을 통해서 발견할 수 있을 것이다. 하고 싶은 것을 위해 현실과 타협하면서도 주객이 전도되지 않은 삶을 끝까지 훌륭하게 유지할 수 있었던 건 그가 단지 하늘이 낸 학자이기 때문만은 아닐 것이다. 내일 지구가 멸망할지라도, 오늘 나는 내가 하고 싶은 것을 하겠다는, 그래서 한 그루의 사과나무를 심겠다던 스피노자를 만나 보자.

학자들과 원로들과의 충돌 속에서도 계속 자신의 철학관을 주장하던 스피노자는 마침내 유대인 공동체에서 추방을 당하게 된다. 글로든 말로든 어떤 유대인도 만나거나 접촉할 수 없으며, 그를 만나는 유대인은 지위 여하를 막론하고 엄벌에 처할 것이라는 선고가 내려진다. 당시 유대인 사회였던 암스테르담에서 이 선고는, 한 사람의 지적 탐구를 금지할 뿐 아니라 생계까지도 위협하는 사형 선고와 다름이 없었다.

자그마한 집에 갇혀 앞으로 어떻게 먹고살 것인가를 고민하던 스피노자는 고심 끝에 안경알을 깎는 기술을 익히기로 결심한다. 기술을 익힌 스피노자가 깎은 안경알은 완벽하고 멋이 있어 그 솜씨가 널리 알려져, 마침내 유럽 전역에서 주문이 쇄도하기에 이른다. 이 고급 기술은 당시에 흔하지 않았기 때문에 보수가 높았고, 덕분에 그는 안경알 하나를 깎아서 한 달치 식량을 너끈히 마련할 수 있었다. 그래서 스피노자는 필요할 때가 되면 주문을 받아 안경알을 깎았고, 대부분의 시간에는 책을 읽고 저술을 계속하였다. 유대인 공동체로부터의 추방도, 빵값을 벌어야 하는 현실도, 그의 학문에 대한 열정과 사랑을 가로막을 수는 없었다. 스피노자는 이렇게 자신의 작은 오두막에서 때로는 안경알을 깎는 사람으로서, 그러나 언제나 자유로운 학문 연구자로서 일생을 살았다.

창의적 인재가 사라져 간다

선진국에서 창의적 인재가 나오기 어려운 까닭

지난 몇십 년간 미국이 세계 최강국이었던 것은 세계 곳곳에서 인재들이 몰려들었기 때문이라는 것은 누구나 아는 사실이다. 잘 나가는 다국적 기업 요인들이 창의적 인재를 '잡으러' 분주하게 세상을 누비고 다니는 것을 우리는 익히 알고 있다. 얼마 전 모 일간신문에 실린 '우리가 키운 어린 인재, 일본이 빼 간다'는 타이틀 기사가 눈길을 끌었다. 고등학교를 졸업한 우수한 인재들 중 바로 일본의 명문 대학으로 가는 이들이 늘고 있다는 것을 염려하는 내용의 기사였다. 사실상 급변하는 시대에 선진국만이 아니라 모든 사회가 인력난을 겪고 있고 이 문제 해결을 위해 대학 차원의 인재 유치 작전이 펼쳐지고 있다.

조한혜정 _ 연세대 문화인류학과 교수. 이 글은 2008 서울청소년창의성 국제심포지엄에서 발표한 내용을 다시 정리한 것이다.

나는 최근 한국 사회의 변화를 보면서 이른바 선진국들이 왜 자기들 내부에서 인재를 길러 내지 못하고 GNP가 낮은 나라에서 인재들을 수급하려고 하는지 골똘히 생각해 보게 되었다. 외국에 나가 활약하는 졸업생 제자들을 보면서 나는 선진국에서 창의적이고 순발력 있으며 스케일이 큰 인재를 그렇게 많이 배출하지 못하는 것은 선진 자본주의 체제의 속성과 일정하게 관련이 있다는 생각을 하게 되었다. 특히 개인이 더 이상 어떤 공동체나 관계 속에 밀착되지 못하는 초경쟁적 상태에서는 창의적인 인재가 나오기 힘들다는 결론에 이르렀다.

　지난 30년간 대학에서 인재를 길러 온 경험에 비추어 볼 때 그런 인재들은 모든 것이 잘 짜여진 선진국이나 상류층에서 나오기보다 조금 혼란스러운 중진국이나 여러 가지 어려운 상황을 헤쳐 나간 경험이 있는 계층에서 나올 가능성이 높았다. 완벽하게 짜여진 길을 가면서 계속 성공을 해온 이들 중에도 탁월한 능력을 가진 이들이 적지 않지만, 혼란의 경험을 해보지 않았거나 서로 돌보면서 함께 살아가는 '사회'에 대한 감각이 없는 경우, 급변하는 상황에서 새로운 질문을 던지면서 문제를 해결해 가는 유연하고 창의적인 능력을 갖추고 있지는 않았다.

　유럽의 최고 경영 석학으로 소개된 이브 도즈Yves Doz 경영학 교수는 비슷한 이야기를 하고 있다. 그는 한 신문의 인터뷰에서 '핵심 역량에만 집중하면 당하기 딱 좋은 시대'라고 말했는데, 단기적으로 핵심 역량을 키우는 데만 집중할 때는 '승리의 저주'에 빠지게 된다는 것이다. 그는 급변하는 시대에는 세 가지 능력을 키워야 한다고 강조했는데, 하나는 변화무쌍한 트렌드를 읽어 내는 감수성sensitivity, 두 번째는 공통의 목표를 향해 함께 열정적으로 일할 수 있는 집단에 대한 헌신collective commitments, 세 번째는 자원을 필요에 따라 재배치할 수 있는 자원 유동성resource fluidity 이다. 그런데 변화를 읽어 내는 능력, 함께 같은 목표를 향해 일할 수 있는 열정을 가진 사람을 시장경제가 주도하는 고도 경쟁 사회에서는 찾아보기 가 쉽지 않다. 물론 부자가 되겠다는 일념으로 돈벌이에 열정적으로 매진 하는 이들이 적지 않겠지만, 그것만으로는 충분하지 않은 것이다. 돈이 수 단이 아니라 목적이 된 '카지노 자본주의'의 파탄을 예고하는 사건은 2008 년 금융위기를 비롯하여 이곳저곳에서 터져 나오고 있다.

인문학자가 말하는 인재가 아니라 경영 쪽에서도 요구하는 인재, 곧 급 변하는 시대 변화를 읽어 내면서, 자신의 문제의식을 타인들과 소통해 내 면서 공공의 지혜를 모아 낼 수 있고 자원을 적절히 재배치하는 능력까지 갖춘 인재는 어떻게 길러지는 것일까? 돌이켜보면 십 년 전까지만 해도 그 런 인재들이 내가 다니는 대학 캠퍼스에는 아주 많았다. 그들은 협력하면 서 동시에 경쟁할 줄 아는 창의성과 실험정신을 지닌 청년들이었다.

그런데 최근 들어 그런 인재를 찾아보기가 점점 힘들어지고 있다. 내가 선진국의 인재 양성 바탕에 대해 생각하게 된 것은 사실 이런 관찰에서 비 롯한다. 왜 이렇게 되었을까? 학생들은 더 많은 것을 알고 더욱 열심히 뭔 가를 하는 것 같은데 사유의 폭은 선배들에 비해 턱없이 좁고 포용력과 소통능력이 떨어진다. 나는 90년대 학번 세대와 최근 학번 세대를 관찰하 면서 어릴 때부터 경쟁을 철저하게 내면화시키는 환경에서는 그런 포용력 있는 인재가 나올 수 없다는 결론을 내리게 되었다. 양육이나 교육 영역이 돌봄과 호혜성이 아닌 경쟁주의에 의해 장악되었을 때 더 이상 그런 인재 가 나오기를 기대하기는 어렵다는 것이다.

최근 전 세계가 글로벌 신자유주의적 자본주의 체제로 편입되면서 모든 영역에서 경쟁이 강화되고 있고 이런 상태로 간다면 인류는 창의적 인재의 고갈로 심각한 위기를 맞게 될 것이라는 문제 인식이 폭넓게 공유되고 있는 중이다. 오늘날 한국은 어느 사회보다 초고속으로 고도 경쟁 사회를 만들어 낸 사례에 속하고, 그 핵심에 교육현장이 놓여 있다. 그래서 나는 여기서 1997년 아시아 금융위기라는 충격적 사건을 경험한 이후 급격하게 초경쟁 체제로 돌변한 한국 사회와 교육현장을 창의성이라는 주제와 연결시켜 보고자 한다. 학생들이 '공공'과 사회적 관계에 대한 감각을 키워 갈 수 있었던 80년대와 90년대, 그리고 오로지 '성공'이라는, 시장적이고 경쟁적인 목표를 향해 올인하게 되는 2000년대를 비교하면서 교육현장에서 가장 심각한 문제가 무엇인지 밝혀 보고자 한다. 공공에 대한 감각을 키우지 못한 상태에서, 사다리를 올라가기만 하면 된다는 성공 게임에 길들여지게 되면 주어진 일을 잘 수행하는 '중노동자'는 될 수 있지만, 창의성을 발휘하는 인재가 되기는 어렵다는 것이 이 세대 비교를 통해 보여 주고자 하는 점이다.

사교육 시장이 장악하기 이전

해방 이후 우리 국민은 '기회 균등'의 원리가 실현되는 학교제도를 믿었고 그 기회균등이 보장된 '평등 사회'에 산다는 믿음에 근거하며 온몸을 바쳐 돈을 벌고 자녀들의 교육에 돈과 정성을 투자했다. 1980년대부터는 입시에 실패하여 자살하는 아이들이 생겨나면서 입시 위주의 교육을 바꾸어 내지 않으면 안 된다는 여론이 형성되고 있었지만, 동시에 여전히 학교의 핵심 기능은 개천에서 용이 날 수 있는 기회 균등의 장으로서의 '신성한 역할'을 수행해야 했으므로 대학입시를 최상의 목표로 삼는 학교의 본질은 변화시켜 내지 못했다. 모두가 열심히 하면 명문 대학에 들어갈 수 있고 그를 통해 팔자를 고칠 수 있다는 믿음은 한국의 대중사회를 활기차게 이끌어 가는 에너지의 원천이고, 그런 맥락에서 자녀의 중고등학교 학업 성적은 한국 부모들의 성적이기도 했다.

이 세대의 경우 대학만 가면 그때부터는 자기들만의 세상을 만들어 갈 여지가 있었고, 그럴 의지도 있었다. 또한 가만히 관찰해 보면 당시 아이들이 경쟁 체제에서만 살았던 것은 아니었다. 입시 경쟁을 하지만 여전히 학교 안에서는 다양한 문예활동이 가능했고, 학예회와 운동회가 기획되고 축제가 이루어지며 수많은 인간관계들과 신화가 만들어지고 있었다. 동시에 이들 세대는 전통적인 확대가족적 유대 관계에 싸여 있었던 편이다. 이들 중에는 그 관계가 부담스러워 도망치고 싶어 한 이들도 적지 않지만 어쨌든 '덜 자본주의화된' 교사와 이웃들에 의한 감시, 달리 말하면 관심과 유대와 돌봄의 공간이 존재했다. 특히 1980년대는 군부독재와 항거하는 와중에서 매우 개별화된 학생들도 대학에 입학하면 모두가 일정하게 국가와 공공에 대한 감각을 키워 갔다.

이처럼 1980년대까지는 가족을 포함한 다양한 돌봄과 관심의 관계가 붕괴되지 않았다고 할 수 있다. 부담스럽든 존경스럽든 애증 관계의 선후배가 있었고 상호 신뢰와 기대 관계가 풍성하게 존재했다. 이 점에서 2000년대 신자유주의적 체제에서 자란 학생들과 그전 대학생들의 삶은 큰 차이를 보인다. 얼마 전까지만 해도 대학생들은 대학을 해방구로 생각하고 입학하자마자 내내 몰려다니면서 술을 마시고 밤새 토론을 하고 2학년이 되면 배낭여행을 떠나거나 밴드 활동을 하거나 농활을 갔다. 부모의 그늘에서 벗어나 독립적 개체로서 스스로 서기 위한 방황과 실험을 하는 시기가 있었던 것이다. 그러나 지금 대학생들은 전공 수업을 따라가기 위해 선행학습을 시작하는 것이 별로 놀랍지 않은 일이 되어 가고 있다.

물론 이런 변화가 갑자기 생긴 것은 아니다. 1996년 GNP 일만 달러를 기록하게 되고 본격적인 소비자본주의 단계로 진입하면서 대학생들도 선후배 관계나 전통적 가족 관계에서 벗어나 '자기만의 방'을 갖게 되었고, 특히 온라인과 휴대폰을 갖게 되면서 선배들과는 다른 관계망을 만들거나 개인화되어 갔다. 이들은 개개인이 존중되는 시민사회를 만들고 싶어 했으며 동시에 대중문화의 주체로서 자기표현 욕구를 표출하면서 같은 세대 간의 연대를 도모하기도 했다. 2002년 월드컵 축제나 미군 장갑차에 치여 죽은 두 여고생을 기리는 촛불집회 등 다양한 문화적 저항 행사들은 이런 세대가 적극 참여했던 행사들이며, 다양한 온라인, 오프라인 행사와 참여의 장은 이 세대를 창의적이고 실험적인 세대로 키워 냈다.

'서태지 세대'라거나 'N세대' 등으로 불리는 이 세대는 한국 역사에서 상당히 창의적인 삶을 살아가는 '문화 세대'라 할 수 있다. 세계 곳곳을 탐사하고 혼자 여행하는 것이 유행이었던 그 세대 청년들은 이제 30대가 되어서 세계 여러 곳에서 문화적이고 창의적인 인재로서 실력 발휘를 하고 있는 중이다. 이런 변화의 이면에서는 다시 경제 우선적 질서로의 이행이 이루어지고 있었는데, 이는 1997년 IMF 구제 금융을 받게 되어 국가가 파산했다는 소식을 접하게 되면서이다.

선행학습과 매니저맘

현재 사교육 중심으로 재편된 교육현장은 1997년 1차 경제위기 와중에 극도로 불안해진 어른들, 특히 어머니들과 교육의 상품화에 주력한 시장의 합작품이다. 더 이상 학교에 아이를 맡길 수 없다는 판단, 특히 앞으로 다가올 세상은 '약육강식, 적자생존'의 세상일 것이고 자녀를 그런 체제에서 살아남게 하는 것이 자신의 몫이라고 생각한 자기주도적이고 현실적인 어머니들이 그런 체제를 만들어 내기 시작했다. 이들은 '믿을 것은 나밖에 없다'면서 각개전투로 자녀의 앞길을 위해 발 벗고 나섰고, 자신이 가진 모든 여유분의 돈을 사교육 시장에 지불하면서 자녀의 미래를 위해 '투자'하기 시작했다. 성공 지향적인 고학력 가정주부 어머니들이 이 새로운 트렌드를 주도했다. 맞벌이 부부들은 직장을 그만두고 싶어도 자녀 교육비를 대기 위해 직장을 계속 다녀야 했고 가정주부도 자녀 학원비를 대기 위해 재취업을 시도하는 상황에 이르렀다. 이로써 입시를 위한 경쟁은 단순히 노력만이 아니라 돈의 게임판이 되었고 불안해진 어머니들은 거대하게 굴러가는 사교육 시장판에 자녀를 맡길 수밖에 없게 되었다.

시장이 맡아 키운 2000년 이후 청소년들은 학교보다 학원에서 더 정을 붙이면서 자란 서비스 산업이 키운 아이들이다. 이 아이들을 나는 '신자유주의 시대의 아이들'이라고 부르는데, 그들의 학습 체험은 '선행학습'과 '매니저 엄마'를 중심으로 구성된다. 아이들을 해외에 데리고 나가 교육을 시키는 '기러기 가족' 현상, 갓난아이 때부터 자녀를 '성공하는 인재' 또는 '명품 인재'로 키우기 위한 '매니저 엄마'들의 활약은 한국을 세계적으로 유명하게 만든 현상이기도 하다. 경제협력개발기구(OECD)가 주관하는 국제학력평가(PISA)에서 한국은 57개국 중 1, 2위를 기록하는 한편, 막상 공부에 대한 흥미도와 학습 동기 면에서는 평균을 밑돈다는 결과나 2009년 유네스코 조사에서 한국 청소년들의 행복 지수가 가장 낮게 나온 결과는 한국

교육계의 복잡한 현실을 단적으로 드러내 주는 지표일 것이다.

그러면 과외를 받으면서 학습한 학생들의 특수성은 무엇일까? 얼마 전까지 학원에 다니는 것은 대학입시에 실패해서 재수학원에 다니거나, 부족한 과목을 보충하기 위해서 가는 것이었다. 그런데 이제 과외는 '선행학습'을 하기 위한 것이 되었다. 선행학습은 학교 수업을 하기 전에 미리 진도를 나가는 것을 의미한다. 이 체제는 학교교육 자체를 무력화시킬 뿐만 아니라 그 자체로 불공정 게임이 된다. 학교가 가진 공공성의 마지막 보루를 허물어 버리는 체제이다. 학원에 가지 않는 학생들은 학원 공부를 전제로 한 진도를 따라갈 수 없기 때문에 과외를 받지 못하는 아이들은 체계적으로 방치되고 탈락하게 된다.

이런 상황으로 나간다면 사실상 공교육은 존재할 필요가 없으며, 기회균등에 지대한 관심을 갖는 한국 사회에서 공교육이 붕괴하면 국가 자체, 전반적 공공 영역 자체가 붕괴하는 것과 마찬가지의 일이 일어나는 것이다. 선행학습에 따른 기회균등 신화가 깨지고 있고, 불평등의 재생산 문제가 제기되고 있지만 그보다도 각개전투를 하는 부모들은 이 문제를 그리 심각하게 받아들일 여유가 없어 보인다.

나는 선행학습으로 야기되는 불평등의 재생산 문제 못지않게 심각한 문제는 선행학습을 통한 경쟁이 창의적이고 자기주도적인 학습 능력을 퇴화시킨다는 데 있다고 생각한다. 선행학습은 아이들의 배움을 늘 '진도'가 있는 공부에 국한시키고, 누군가 미리 가르쳐 주는 사람이 있어야 하는 것을 상정한다. 단기적인 효과가 나야 하는 것도 선행학습을 통한 학습의 특징 중 하나이다. 학원이나 과외 교사로부터 선행학습을 하면서 성적 관리를 해온 학생은 그 체제에서 벗어나는 공부를 하기 힘들어하고 시간 낭비라 생각되는 일에 집중을 하지 못하게 된다. 주어진 교과과정 안에서 빨리 문제를 푸는 것에 너무 길들여져서 스스로 문제를 파악하고 새로운 질문을 던지는 능력은 아예 길러지지 않는다. 이들은 오랜 시간 입시 준비와 내신성적 관리를 위한 '중노동자'로서, 해답을 찾는 탁월한 기술은 배웠지만 불확실한 상황에 들어서면 속수무책이 되어 버린다. 앞서 언급한 이브 도즈 교수의 표현을 빌린다면 '핵심 역량'에 집중하여 대학입시에는 성공했을 수는 있지만 다음 단계에서는 실패할 확률이 높다.

스펙과 엄친아

그런데 마침 이들이 들어간 대학은 신자유주의적 전환 속에서 그들이 십 년 동안 해온 선행학습 비슷한 공부를 하는 취업 준비의 장으로 변화해 가고 있다. 고실업 불안정고용시대에 대한 불안이 깊어지면서 대학은 취업에 유리한 전공을 공부하는 경쟁의 장이 되고 있고, 선행학습에 길들여진 학생들은 그 취업 준비 현장에 매니저 엄마와 학원의 지원을 받으며 적극 뛰어들고 있다. 대학은 이제 해방구가 아니라 '고3'의 연장선에서 고4, 고5 학년들이 다니는 치열한 경쟁의 장이 되었다. 이들은 고실업 시대의 불안 속에서 취업을 위한 서류 전형에 필요한 자격을 마련하는 선행학습을 체계적으로 하기 시작했고, 이 일련의 경쟁적 준비 과정을 '스펙 관리'라고 부른다. '스펙'이란 specification의 준말로 '전자기기의 성능이나 사양'을 뜻하는 단어이다.

이제는 취업을 목표로 선행학습에 길들여진 대학생들이 시간표를 빡빡하게 짜고 학점, 영어 성적, 인턴십 경력, 자격증 관리를 하기 시작한 것이다. 자기계발서를 열심히 읽고, 경쟁 사회에서 한 줄로 세울 때 자신이 어디쯤 속하는지를 가늠하면서 단계별 목표를 세우고 경쟁 체제로 돌입했다. 대학에 들어와서 그간의 입시 위주 교육에서 못했던 활동을 하면서 그 시간을 보상하려는 듯 활발한 문화 활동과 새로운 경험을 하던 선배 세대와는 아주 대조적인 생활을 하고 있는 이들은 당연히 인생관에서나 태도 면에서 상당한 차이를 보인다.

　이 청년 세대의 삶을 잘 표현하는 단어 중 하나가 '엄친아'인데, '엄마 친구의 아들' 줄임말이다. 어머니들이 자녀를 매니징하면서 끊임없이 자기 친구 중 성공한 자녀의 예를 들면서 자기 자녀를 자극하는 행동에서 나온 말인데, 실은 자녀의 기를 죽이는 효과를 낸다고 보아야 할 것이다. 실제 자신의 모든 것을 투자한 어머니들의 기대감은 매우 높아서 자녀가 0.1%의 글로벌 인재가 되기를 바라기도 하고 실제 많은 학원 광고에서는 '전 세계를 무대로 재능을 마음껏 펼칠 0.1%의 글로벌 리더'로 키우라고 부추기기도 한다. 그 0.1%에는 고등학교를 졸업한 후 아이비리그 대학을 나와서 수학의 수재로 인정을 받아 월가 트레이더로 일하면서 높은 연봉을 받는 엄친아도 있고, 알파걸로서 세계무대를 누비려는 야심찬 엄친딸도 있다. 어떤 면에서 이들은 어릴 때부터 협력의 관계나 공공에 대한 감각을 키울 겨를도 없이 어머니와 과외 교사, 또는 학원 교사의 선도 아래 학업 경쟁을 해온 이들이다. 어머니와 친밀한 동반자 관계를 맺게 된 대신 친구나 동료들과 동반자적 동료 관계를 잘 맺지 않는 편이다.

　신자유주의적 경쟁 상황에서 살아남은 이들은 경쟁을 거의 본능적으로 내면화하고 있어서 주어진 상황에는 매우 빠르게 적응하지만, 낯선 상황에서의 수행 능력은 아주 약하다. 그리고 이들은 계속 바쁘게 '중노동'을 해야 하며, 허겁지겁 해야 할 일을 해치우며 사는 데 익숙하다. 창의적 질문을 던질 시간도 욕구도 없다.

이를 문화정치학적으로 살펴보면, 일단 선행학습을 통한 경쟁은 공평한 게임이 아니다. 결국 우월한 종자들, 곧 '할아버지의 재력과 엄마의 정보력, 자신의 체력'을 갖춘 이들이 이기게 되어 있고, 상대적 지원의 격차에 따라 줄이 세워진다. 대학입시나 고시처럼 어떤 유형의 문제가 나올지 이미 알고 있는 게임에서는 선행학습이 통하지만 인생 전체에서는 그렇지 못하다. 그들은 '진도'를 다 나간 후에 어찌해야 할 바를 모르는 상황에 놓일 가능성이 높다. 선행학습과 근시안적인 스펙 쌓기로 '한 줄 서기' 게임에 몰두한다면 이들은 언젠가는 탈락하게 되어 있다.

이를 간파한 청년들은 스스로를 '찌질이'라고 부르면서 아예 게임을 포기하는 자기방어를 하기 시작했다. 결국 30세에 정품 인생(정규직)이 되기 위해 극심한 중노동을 하면서 스스로를 단련하는 괴물 같은 존재가 되어 가거나, 또는 자신이 0.1%의 명품 인재가 될 조건을 갖추었는지 따져본 뒤 일찌감치 그 게임을 포기하면서 '아무 것도 하기 싫은 존재'가 되어 가고 있는 것이다. 이런 세대에게 '창의적이 되라'거나 '프로젝트를 하라'는 말은 또 하나의 노동이고, 부담일 뿐이다.

이런 구조를 보지 못하는 부모들은 자신들이 전력으로 투자한 자녀를 포기하지 못한다. 그래서 그들이 자신의 마음에 차지 않는 직장에 취업을 한 경우, '고시를 보라'고 명하기두 한다. 스폰서인 부모의 힘이 막강해진 것이고, 그 기대를 낮추기는 쉽지 않다. 반면 그런 스폰서를 갖지 못한 자녀는 상대적 박탈감에, 제대로 스폰서가 되어 주지 못하는 부모는 자격지심에 시달리게 된다. 이것은 모두 상대적인 것이므로 사실상 대한민국의 대학생 다수가 자신의 스펙이 모자란다고 생각하고 있고, 그래서 계속 선행학습식 준비를 하는 중이다. 현재 신림동형 라이프스타일로 '고시공부 중'에 있거나 뭔가를 준비하며 '방살이'를 하고 있는 청년들은 바로 이런 구조가 양산한 청년 인구이다. 부모의 재력에 따라 꽤 풍요로운 아파트에서 지내는 이도 있겠지만 대부분은 두세 평 정도의 고시방에 고립되어 지내고 있다. 어릴 때부터 입시 준비생이었던 이들은 정신없이 바쁘거나, 실질적 효용성이 없어도 존재감을 확인하기 위해 영어공부에 몰두하기도 한다. 한편 영리한 모녀는 취업 준비 대신 취집 준비를 위한 스펙을 쌓아서 결혼에 성공하기도 한다. 영어학원 대신 결혼정보센터에 의존하면서 '시집가기 위한 작전'에 들어가는 것이다.

고된 입시와 취업 전쟁을 통해 성공하는 이도 있지만 다수는 어느 시점에 경쟁 게임을 포기하거나 무기력증을 앓고 있고, 대한민국은 점점 '고시 폐인'과 '히키코모리(은둔형 외톨이)'들의 세상이 되고 있다. 열심히 경쟁하던 이들도 어느 시점에 자발적 또는 비자발적 히키코모리가 되어 버린다. 남자들은 한두 번의 연애 후에 '애인의 기분을 맞추는 감정노동'이 너무 힘들다면서 '연애 태업'에 들어가거나 연애할 시간은 없고 섹스 파트너만 필요하다고 말하고 있다. 결혼해서 어른들 비위 맞추고 신경 쓸 것이 생각만 해도 끔찍하다고 결혼 파업을 하기도 한다. 참고로 한국은 지금 경제협력개발기구(OECD) 국가 중에서 출산율이 1.13명으로 가장 낮은 수치를 기록하고 있다. 여기서 짚고 넘어갈 점은 이런 체제에서 성장한 청소년들은 막상 대학을 졸업하고 취업 전망이 불안해지면 자신감을 잃게 되면서 더욱더 부모 세대에 의존하게 된다는 점이다.

창의적인 아이들을 키워 낼 학습생태계

현 체제 이전 세대도 불합리한 입시 체제에서 경쟁을 했지만 80년대 학번 학생들은 대가족 안에서 성장하면서, 또한 대학에 들어와서 반독재 투쟁을 하면서 사회와 공공에 대한 감각을 길러 갔다. 90년대 학번 학생들 역시 그나마 공평한 입시 경쟁을 하면서 인터넷을 통해 새로운 문화 공간을 열어 가고 개개인이 존중되는 문화 시민의 시대를 열기 위한 활동에 참여했다. 그들의 경쟁은 무한 경쟁이 아니었고 무엇보다 그 당시는 돌봄이 순환되는 체제였다. 자발적 소통이 있었고, 불만족스러울 때는 대안을 논하는 시공간들이 열려 있었다. 그들이 경쟁에 지친 몸으로 대학에 들어왔을 때 맞아 주는 선배들이 있었으며, 이들은 서로 치열하게 몸으로 부딪치면서 서로를 돌보며 협동학습을 하고 사회적인 삶을 영위할 수 있었다. 그리고 그들은 지금 세계 어디에 가서도 당당하게 자기 몫을 하는 인재로 활약하고 있다.

그런데 내가 이 글에서 보여 주고자 하는 세대는 그 이후의 세대이다. 어릴 때부터 선행학습을 통해 무한 경쟁을 내면화한 신자유주의 세대, 탈락의 공포 속에서 '일중독증 환자'가 된 세대에 대해 생각할 때가 되었다. 승자 패자도 없고 패자부활전도 없는 전쟁터에서 선행학습을 통해 대학을 들어가고 단기적 스펙 전쟁을 치루면서 '성공 지향적 일중독자'가 된 청년들, 아니면 아무것도 하기 싫은 '떡실신 인재'들을 양산해 내는 교육현장을 바꾸어 내야 하는 것이다.

기본적으로 지금의 문제는 돌봄의 총량이 부족한 데 있다. 탈락의 공포 속에서 어머니들도 더 이상 돌봄의 주체가 아니라 자녀를 도구적으로 매니징하는 매니저가 되고 있다. 심지어 할머니도 이제는 바빠서 더 이상 손주를 봐주기 어렵다고 통고하는 개별화된 세상이 돼 버렸다. 예전에는 이 웃들이 어려움에 처한 동네 아이를 보살폈는데 이제는 아이를 성추행할 지 모르는 이웃 아저씨들이 두려워 아이는 동네에서 놀지도 못한다. 이 세 대의 교육에 관심을 가진 이들은 이제 아이들에게 최고의 '교육적 자극'을 주려고 할 것이 아니라 아이가 안전하고 즐겁게 지낼 환경을 마련해 줄 수 있어야 할 것이다.

구체적으로 대안교육에 대해 이야기를 해본다면 그간 대안교육 현장의 교사들은 제도권 학교에서 벗어난 아이들을 잘 키워 보려고 마치 매니저 맘처럼 보호하고 기획하면서 키워 보려고 했다. 그간 대안교육에서 이야 기해 온 자기주도학습, 협동학습, 인턴십, 디지털 언어 학습 등은 여전히 유효한 교육의 방향이고 방법이다. 그러나 그 이전에 나는 아이들이 사랑 을 주고받는 시공간을 마련하는 데 주력해야 한다고 생각한다. 교사들은 품 안의 자식을 보호하면서 스펙을 잘 쌓게 도와줄 것이 아니라 먼저 많 은 덕을 쌓아야 한다고 본다. 아이들과 함께 상호 돌봄을 주고받는 '사회' 를 마련하는 데 집중해야 한다는 것이다. 의도적이고 기획적인 학습의 장 이전에 아이들에게 필요한 사회관계와 학습망에 대해 생각해 봐야 한다. 아이들에게는 절대적인 신뢰에 바탕을 둔 일차적 관계가 필요하고, 서로 관심을 공유하면서 맺어 가는 이차적 관계도 필요하며, 보편적인 가치에 기반한 보다 큰 '사회'도 필요하다. 그리고 아이들은 그 세 차원의 사회 안 에서 자기를 형성해 간다. 이 모델은 개별적 주체와 국가라는 두 개의 개 체만을 남기는 '근대적 체제'를 넘어서는 것을 말한다. 오히려 자본주의가 사회를 장악하기 이전의 마을, 교회, 친족을 생각할 때 더 쉽게 모델을 찾 을 수 있을 것이다.

이때의 아이는 돌봄을 받는 대상이 아니다. 돌봄을 주고받는 주체이다. 중학생이 되면 주변 유치원에 가서 동생들과 놀아 줄 수 있을 것이며, 혼자 사는 노인의 말벗이 되어 줄 수 있어야 할 것이다. 지금 아이들에게 필요한 것은 바로 이런 소통 능력이고 자신이 누군가를 도울 수 있는 소중한 존재라는 사실을 인식하는 것이다. 모든 공부가 의무이고 경쟁이고 부담이 되고 있는 시대에 자기를 살려내는 경험으로부터 공부를 새롭게 시작할 수 있어야 한다. 그래서 꽃을 키우고 농작물을 키우고 누군가에게 도움이 되기 위해 소통하는 마음, 그리고 능력을 갖게 하는 것이 교육의 출발점이 되어야 한다. 그래서 이 시대에는 최고의 기획자로서의 교사는 오히려 위험하다. 아이들을 무작정 가엾게 여기고 꺼안고 있는 교사 역시 위험한 교사이다. 이전에는 아이들이 성적을 비관해서 자살했다면 이제는 기댈 곳이 없어진 아이들이 죽어 가고 있다. 이들을 살리는 것은 기댈 곳을 찾아 주는 것일까? 돌봄이 파탄이 난 세상에서 그것이 그렇게 쉽게 가능할까?

돌봄의 총량이 턱없이 부족해진 사회에서 교육자가 된다는 것은 전혀 다른 상상력을 요구한다. 경쟁을 내면화시킨 우리 자신, 성과주의에 빠진 우리 자신에 대한 성찰이 그 시작일 것이다. 목격자도 사건을 구성하는 일부이듯, 우리 자신들 역시 스스로 원했든 그렇지 않든 신자유주의 체제의 일부임을 잊어서는 안 될 것이다.

한편에서는 '승자독식 인재'를 만들어 기겠다며 엘리트 학교들이 만들어지고 있고, 다른 한편으로는 체제에서 이탈한 아이들을 돌보는 복지 공간들이 만들어지고 있다. 그나마 지난 십 년 신선한 바람을 일으켰던 대안교육이라는 단어는 이런 상황에서 더 이상 신선할 수 없게 되었다. 제도권 학교와 대안학교의 구분이 더 이상 중요하지 않고 고등학교와 대학교의 구분 역시 별로 분명하지 않은 시대가 되었다. 모든 곳이 경쟁과 시장의 논리에 포섭되어 버렸고 돌봄 체계가 파탄나 버렸기 때문에 더 이상 도망갈 곳이 없어졌다.

이제 교육은 '공포의 정치학'에서 벗어날 방법을 찾아야 한다. 그것의 첫 단계는 돌봄이 가능한 소통 관계의 회복일 것이다. 같은 생각을 가진 동료를 갖는 것, 자발적 소통이 가능한 '사회적 관계'의 수가 중요하다. 2백여년 전 아담 스미스가 국부론에서 '보이지 않는 손'이라는 표현으로 자본주의 사회의 도래를 예고했지만, 낸시 풀브레는『보이지 않는 가슴: 돌봄 경제학』이라는 책을 통해 가시적인 세상, 특히 돈의 순환 체제만을 보아 온 시선의 편협성을 비판하고 있다. 사회의 존속에 필수불가결한 영역들, 그간 미처 고려에 넣지 못했던 호혜적 관계와 돌봄 영역의 회복이 곧 교육현장을 회복하는 길이다.

'돈의 순환 체계'를 사회 전부라고 생각한 오류, 특히 '돌봄의 순환 체계'를 간과한 극심한 불균형이 현 인류를 종말적 위기 상황으로 몰아넣고 있다. 다음 세대를 길러 가는 것은 시간의 차원을 간과할 수 없는 작업이다. 다양하고 지속적인 관계가 이루어지는 곳, 이런 곳이 곧 학교여야 하고 돌봄의 총량이 부족한 현 단계에서 학교는 상호 돌봄의 능력을 키우는 곳이어야 한다.

창의성 고갈 역시 돈이 돌봄의 세상을 억압해 버린 불균형에서 비롯된다. 창의적인 생각은 공포에 질린 상태에서는 나올 수 없다. 그것은 서로 신뢰하는 관계성 안에서 터져 나오는 지혜이며, 비약적 문제해결 능력이다. 상호작용 과정이 두려움이 된 사회에서는 창의성이 꽃필 수가 없다. 청소년들이 창의적인 삶을 살 수 있고, 청년들이 창의적인 사회적 기업을 꾸릴 수 있으려면 돌봄의 순환 체계가 제대로 가동되어야 한다. '우리'에 대한 감각이 살아나고 상호 애정과 존경이 살아 있는 관계의 토양이 만들어져야 한다.

인간은 이기적인 존재이지만 동시에 이타적이고 공동체적인 지혜를 지닌 존재이다. 함께 상생하는 길을 모색하는 재능을 가졌기에 지금까지 지구상에서 살아왔다. 이제는 다시 그 능력을 회복해 가는 새로운 사이클을 만들어야 한다. 각자 몸에 맞는 창조적 공공 영역, 학습생태계를 찾아내고 만들어 가야 하는 것이다.

생태계는 다양성과 유연성을 바탕으로 진화한다. 한국에서 만들어진 경쟁 일변도의 교육판은 모두를 한 줄로 세워 경쟁을 시키면서 다양성을 소멸시켜 버리고 있다. 현재 국가는 유일하게 시장과 맞서는 힘을 가진 공동체적 기구이다. 공공에 대한 감각을 키우는 일, '돌봄의 순환 체계'가 막히지 않고 원활하게 돌아가게 하는 것은 돈의 순환 체계를 원활하게 돌아가게 하는 일 못지않게 국가가 해야 할 중요한 일이다. 시장의 논리로 성과와 효율을 강조하고 전략을 이야기하면서 통계 지표로 교육계를 관리하려 한다면 결국 국가는 존재 기반을 상실하게 될 것이다. 경쟁적 자본주의의 근대가 이 방향으로 가는 것을 간파한 푸코는 '소수를 살게 하고 다수는 죽게 내버려 두는 사태'에 대해 경고한 바 있다. '예외를 살게 하고 다수를 죽게 내버려 두는 체제'를 바꾸어 내는 일, 이것이 교육자들이 앞서서 해야 할 일이다.

장래에 대한 두려움이
아이의 장래를 가로막는다

애써서 망치는 부모들

부모라면 누구나 자녀의 장래를 걱정하기 마련이며, 상당수는 그 장래에 대해 일종의 병적인 공포마저 느끼기도 한다. 자녀를 우리 학교에 보내 볼까 생각하는 부모는 대개 불안과 의구심을 나타내면서 이런 질문을 한다. "그렇지만 마음대로 배우고 싶으면 배우고, 배우기 싫으면 배우지 않아도 되는 아이가 어떻게 세상에 적응해 나갈 수 있겠어요?" 그래서 어떤 부모는 딸을 우리 학교에 보내면서도 아들은 보내지 않는다. 그 이유는 간단하다. 아들은 자라서 돈을 벌어야 하고 가장이 되어야 하지만, 딸은 그리 중요하지 않은 것이다. 어쨌든 결혼이나 하면 되니까.

A. S. 니일Neill _ 영국의 서머힐 학교(1921~)를 세웠고 여러 권의 책을 썼다. 그 책들을 미국인 편집자가 편집해서 한 권으로 만든 것이 우리에게 잘 알려진 『서머힐』이다. 이 글은 니일이 쓴 책들 가운데 『문제의 부모』, 『문제의 가정』을 참고해서 민들레 편집실에서 정리한 것이다.

장래에 대한 이런 불안은 종종 강박관념이 되기도 한다. 언제나 부모는 어린이가 반드시 읽고 쓸 줄 알아야 한다고 생각한다. 인내심을 가지라는 내 설득을 받아들이는 부모도 있다는 말을 할 수 있어서 기쁘다. 한 아이는 우리 학교에 오기 전에 몇 차례나 학교에서 도망친 경험이 있었다. 우리 학교에 와서도 2년 동안 주머니에 손을 집어넣은 채 빈둥빈둥 돌아다니면서 점점 더 지루해지자 무엇을 하면 좋을지를 가르쳐 달라고 쓸데없이 나를 졸라 대면서도 아무것도 하지는 않았다. 나는 거절했다. 그 아이가 무엇을 하고 싶은지를 나로서도 알 수 없었기 때문이다. 그러나 아이가 그렇게 보낸 2년은 회복하는 데 필요한 시간이었다. 그 아이는 지금 대학 입학 시험을 준비 중이다. 이 경우에 아이의 어머니는 이런 일이 일어나기까지 필요한 시간을 인내할 줄 아는 충분한 믿음을 갖고 있었다.

다른 경우에는 부모가 타협을 한다. "자, 조니, 이번 학기에 수업시간에 빠지지 않고 들어가면 무전기를 사 줄게." 하는 식으로. 이런 타협은 늘 실패하기 마련이다. 어린이가 수업시간에 들어간다 하더라도 마음속에는 다른 동기가 숨어 있기 때문이다. 그는 공부에는 흥미가 없으므로 공부하기를 원하는 다른 어린이들에게 방해가 될 뿐이다. 흥미는 강요할 수 없다는 사실을 부모들이 언제쯤이나 알게 될까?

우리 학교에서 학과공부에 가장 성공적이지 못한 학생들은 부모에게 불만을 품고 있는 학생들이다. 아주 솔직하게 "아버지가 계속 내게 대학 입학시험에 꼭 합격해야 한다고 말씀하시는 한, 나는 아무것도 배울 수도 없고 배우지도 않겠어요"라고 말하는 아이를 나는 여러 명 만났다. 더 난감한 경우는 부모의 권유에 대한 반항을 의식하지 못하는 경우이다. 아들이 독어를 공부하든 말든 개의치 않겠다고 아들에게 말하라는 내 설득을 어머니가 받아들여서 아이를 공부하게 만들 수 있었던 경우는 딱 한 번뿐이었다.

학과공부에 관해 자녀를 못살게 굴면 굴수록 부모는 실패를 자초하고 만다. 분명히 몇몇 아이들은 부모의 압력에 응해 일등상을 타는 데 성공할 수도 있다. 그러나 나중에는 그러한 성공이 무의미한 일이나 직업으로 전락해 버리고 말 것이다. 이들은 권위와 전통을 쉽게 받아들이는 열등한 사람들이다. 전통에 아무런 반항도 하지 않는 젊은이는 열등하다.

부모가 자녀에게 공부하라고 강요하는 경우에는 자녀의 장래를 망쳐 놓을 가능성이 아주 높다. 읽기를 배우지 않겠다고 거부하는 두 남학생이 있었는데, 거부의 주요 동기는 배우라고 끊임없이 권하는 부모에 대한 반항이었다. 읽기 그 자체는 중요하지 않다. 자기도 모르는 사이에 읽을 수 있게 되기 때문이다. 그러나 그 반항은 미술, 음악 등 다른 방면으로까지 계속된다. 그리고 이런 아이는 무엇보다도 파괴를 즐긴다. 자녀의 장래를 염려하는 걱정 많은 부모에게 반항하면서 얼마나 많은 아이들이 삶의 진정한 흥미를 찾지 못했을까를 깊이 생각해 보면 안타깝다.

희생과 증오의 상관관계

어떤 아이는 용감하게 태어나는데 어떤 아이는 겁많게 태어나는 이유를 심리학이 설명해 줄 수는 없다. 아마 이 문제는 출생 이전의 영향과 많은 관련이 있을 것이다. 만약 그 아이가 바라지 않는 아이였다면 임신 당시의 심리 상태가 아이에게 전해져 겁많은 성격을 갖고 태어날 수도 있다. 곧 삶을 두려워하고 뱃속에 계속 머물러 있기를 바라는 심리 상태를 갖고 태어날 수 있다. 네 아이를 둔 어머니가 있었는데

한 아이의 아버지는 사랑했지만 세 아이의 아버지는 사랑하지 않았다. 한 아이는 건강했지만 다른 세 아이는 몸이 약했다. 물론 이런 한 가지 예만으로 어떤 이론을 세운다는 것은 어리석은 일이다.

여러 가지 병적 공포증이 어린아이들한테서도 아주 자주 일어난다. 엄격한 아버지를 가진 아들은 사자나 경찰관같이 아버지를 상징하는 것들에 대해 병적인 공포증을 느낀다. 여기서 우리는 아이들의 생활에 공포심을 불어넣는 일이 얼마나 큰 위험인가를 알게 된다. 아버지가 엄격했기 때문에 일생을 실패자로 힘들게 살아가는 사람들이 많다. 또한 실패자들 중에는 자기 어머니를 지나치게 사랑했기 때문에 무능력해진 사람들도 많다. 어머니가 지나치게 아이에게 애정을 쏟을 경우에 그 아이는 생에 대해 소심한 태도를 가지게 된다. 그런 사람은 자립해야 할 시기가 훨씬 지난 후에도 어머니의 치마폭을 떠나지 못한다. 부모들은 자녀들이 자기들로부터 독립할 필요가 있다는 쓰라린 사실을 직시해야 한다. 물론 자녀들이 부모로부터 떠나 두 번 다시 그들을 보지 않아야 한다는 뜻은 결코 아니다. 내 말은 심리적으로 떠나야 한다는 뜻이다. 흔히 어머니들은 자식들이 계속 자기에게 의존하도록 하려고 애쓰는데, 이것은 어머니들의 자연스런 심리다.

한편 딸들이 부모의 노후를 보살피기 위해 결혼하지 않고 계속 집에 머물러 있는 가정을 여럿 알고 있는데, 내가 아는 그런 가정들 대부분은 불행하다. 버나드 쇼가 어디에선가 이렇게 말했다. "사람이란 남을 위해 자신을 희생하게 되면 반드시 희생의 원인이 되는 그 사람들을 증오하게 되어 있다"고. 딸의 마음 한켠에서는 세상에 나가 자기 삶을 살기를 원하고, 또 다른 한켠에서는 의무감으로 부모를 돌보며 계속 집에 머물러야 한다고 생각한다. 따라서 그녀는 항상 마음속에 갈등을 느끼게 되고, 흔히 이 갈등은 짜증으로 나타난다. "물론 나는 어머니를 사랑해. 하지만 때로는 너무나 지겨워."

부모가 자식에게 은혜의 보답을 기대하는 것은 아이들의 본성을 모르기 때문이다. 아이들은 누군가에게 은혜를 입고 있다는 사실을 매우 싫어한다. 나는 우리 학교에서 무료로 배웠거나 수업료를 면제받은 학생들한테서 미움을 많이 받았다. 그들은 학비를 내는 학생들에 비해 스무 배도 넘는 적대감을 내게 표시했다. 버나드 쇼의 말은 사실인 것 같다. 그리고 그 역도 사실일 것이다. 우리가 어떤 사람을 위해 희생할 때 그 사람으로부터 미움을 받지 않을 수 없다는 것. 아이들이 나중에 은혜에 보답할 것을 기대하면서 아이들을 위해 희생하는 부모들은 틀림없이 실망하게 될 것이다.

안전제일보다 중요한 것

자신의 취향을 자녀들에게 강요하는 부모들이 많다. 흔히 그런 부모들은 말하기를, 아이들이 너무 어려서 나중에 그것이 자신에게 도움이 될지 안 될지를 아직은 잘 모른다는 것이다. 그래서 지금 아이를 피아노학원에 보내면 그 아이는 커서 부모의 선견지명에 감사할 것이라고 한다. 그래서 영국에는 어려서부터 악기교육을 강요한 부모들 때문에 서투른 연주자들과 음악 혐오자들이 꽤 많다.

서머힐을 방문한 사람들한테서 가장 많이 듣는 질문이 있다. "아이들이 자라서 학교에서 수학이나 음악을 억지로라도 시키지 않았다고 원망하지 않을까요?" 내 대답은 이렇다. "어린 베토벤이나 아인슈타인이라면 하지 말라고 해도 자기가 좋아하는 분야에 열중할 것입니다."

아이들은 자신의 삶을 살아야 한다. 우리 학교의 경험에 비추어 내가 갖는 확신은 자유로울 때 어린이는 그 자신이 되고 그 자신의 진로를 발견하게 된다는 것이다. 걱정하는 부모가 하라는 대로, 교육자들이 최선이라고 생각하는 대로 하는 것은 제대로 사는 것이 아니다. 어른들의 간섭과 지도가 아이들을 결국 이끄는 곳은 로봇 세대이다. 아이들에게 무언가를 강제로 가르친다면 아이들은 뭐든지 별로 내켜 하지 않는 어른으로 자랄 것이다. 현실에 순응하고 아침 통근차에 기계적으로 오르고 따분한 책상에 앉아 있는 순종적인 사람을 요구하는 사회를 위해서는 좋은 일이겠지만.

나는 방금 다음과 같은 한 여교사의 편지를 받았다. "제게 일자리를 주세요. 보수는 개의치 않겠습니다. 현재 제 연봉은 300루블이며 정년 퇴직하면 연금을 받습니다. 하지만 저는 이 일이 싫어서 빌어먹을 연금을 포기하려고 합니다." 이것이 바로 용기이다.

오늘날 '안전제일'이라는 기준이 수많은 사람들을 불행하게 만들고 있다. 우리는 연금 지급기일이 되기 전에 죽을 수도 있다. 안전은 너무 비싼 값을 치러야 한다. 내일을 지나치게 걱정하지 말고 인생을 충만하게 그리고 행복하게 살아 나가야 한다. 부모가 그 자신의 노년뿐만 아니라 자녀의 노년까지도 걱정한다면, 부모도 그 자녀도 환희와 용기를 갖고 인생을 충만하게 누리지 못한다.